KATHARINE FRANCIS PEDRICK

DU MOYEN
DE
MANIFESTER LA PERFECTION

Traduit par Maurice RÉMON

PARIS

LIBRAIRIE FISCHBACHER

33, RUE DE SEINE

1921

Tous droits réservés

DU MOYEN

DE

MANIFESTER LA PERFECTION

KATHARINE FRANCIS PEDRICK

DU MOYEN DE MANIFESTER LA PERFECTION

Traduit par Maurice RÉMON

PARIS
LIBRAIRIE FISCHBACHER
33, RUE DE SEINE
1921

A CEUX QUI, PAR L'EFFORT,

TROUVENT EN EUX-MÊMES LE ROYAUME DES CIEUX

« Le royaume de Dieu est au
milieu de vous. »

Jésus. *St. Luc*, 17 : 21.

« Ne crains point, petit troupeau ; car il a plu à votre Père de
vous donner le royaume. »

Jésus. *St. Luc*, 12 : 32.

« Si un homme ne naît de nouveau, il ne peut voir le royaume
de Dieu. »

Jésus. *St. Jean*, 3 : 3.

« Soyez donc parfaits, comme
votre Père céleste est parfait. »

Mat., 5 : 48.

AVANT-PROPOS

*L'ouvrage dont nous présentons aujour-
d'hui la traduction aux lecteurs français
n'est pas un travail d'école, un essai purement théorique : c'est bien plutôt une biographie spirituelle et, avant tout, « un livre
de bonne foi ».*

*L'auteur y montre le noble souci de faire
profiter son prochain de sa propre expérience
et de dégager des épreuves qu'elle a subies,
des observations et des études qu'elle a pour-
suivies, un enseignement pratique.*

*Les confidences qu'elle a bien voulu nous
faire à ce sujet nous autorisent à exposer
brièvement les circonstances douloureuses et
les recherches d'où sont sorties ces pages, et
qui en expliquent à la fois la genèse et en
déterminent la valeur.*

Descendant d'aïeux puritains, fille d'une mère d'origine écossaise, Katharine Francis Pedrick, élevée dans une large aisance, décida, à sa sortie du collège, de consacrer sa vie à améliorer l'hygiène et la santé de l'enfance. Dans ce but elle étudia la médecine, diverses méthodes de gymnastique, inspecta des centaines d'écoles et fréquenta les hôpitaux d'enfants. Pendant huit ans, sans pourtant se désintéresser des problèmes de la vie morale, elle se persuada qu'il importait avant tout de lutter contre la maladie qui dévaste le monde. Aussi, enseigner aux enfants que les lois physiques sont d'origine divine, que c'est Dieu lui-même qui nous a donné les corps que gouvernent ces lois, leur apprendre ce qui constitue ces corps et leurs lois, c'était, pensait-elle, les armer contre les maux de la vie, car de l'obéissance aux lois connues doit résulter le bien-être. Elle enseigna donc aux enfants et à leurs maîtres l'anatomie, la physiologie et les lois physiques de la santé, usant de tout son pouvoir de persuasion pour les amener à leur obéir.

Mais une série d'événements douloureux vinrent soudain ébranler sa croyance et faire échec à ses théories. Atteinte d'un mal dont nul ne put discerner l'origine et la nature, sa mère y succomba, après trois ans de souffrances continuelles. A la suite de ce deuil cruel son père perdit la vue et mourut bientôt après. D'autres chagrins encore l'accablèrent, qui tous lui parurent la réfutation de ses convictions. La souffrance, la maladie, sans que rien pût les expliquer, et enfin la mort, avaient atteint des corps qui obéissaient strictement aux lois naturelles. Il était clair que ces coups qui la frappaient personnellement étaient la négation des principes qui avaient jusqu'alors dirigé son activité. Cela l'obligea naturellement à réfléchir sur ces contradictions et sur les circonstances qui les lui avaient fait découvrir.

La vie de sa famille avait toujours été parfaitement normale, puis, brusquement, tout avait été anéanti, tout avait sombré. « Pendant ces trois ans, dit Mme K. Pedrick, j'avais eu l'impression de me tenir sur le bord d'une sombre rivière, regardant défiler devant moi une suite d'événements malheureux, cherchant en vain à porter secours à des êtres que je ne pouvais atteindre, tel un *homme qui en voit un autre se noyer sans pouvoir lui venir en aide. »*

Pourtant il n'y avait dans la famille aucun secret douloureux ou tragique, aucune faute cachée. Les parents avaient mené une vie de puritains austères, où l'hérédité écossaise de la mère mettait une note dominante de mysticisme. En outre, le désastre n'avait pas un caractère extérieur, ce n'était pas la perte de la fortune ou un incendie détruisant la maison. La solution du problème eût été en ce cas relativement facile. Non, ce qui s'était, brusquement et sans cause, abattu sur cette famille, c'était la douleur, une affliction essentiellement intime et personnelle. Il semblait que précisément le caractère tout individuel de ce problème excluât la possibilité de le comprendre : plus il devenait une partie intime des êtres touchés, plus il semblait mystérieux et compliqué, plus la solution en paraissait impossible. N'était-ce donc pas qu'ils avaient à apprendre sur eux-mêmes quelque chose de plus ?

Et K. Pedrick se prit à chercher, dans toutes les années qui avaient été heureuses, la cause de ce qui venait de la frapper, de ce qui, sans avertissement, les avait, elle et les siens, chassés du paradis terrestre. Elle se sentait désorientée, foudroyée, préoccupée, non pas tant de ce qui était arrivé, que de savoir où gisait la faute. Il y avait eu quelque ignorance, une conception fausse, et le glaive flamboyant avait accompli son œuvre. Mais qu'avait été cette fausse conception, qu'était-ce donc ce qu'on aurait dû savoir ?

Cette question était léguée comme un héritage à la jeune fille demeurée seule, et elle résolut de consacrer sa vie à mettre en ordre ce domaine spirituel dont la mort l'avait mise en possession, domaine magnifique, mais si lourdement grevé d'hypothèques par des forces mauvaises et cachées. Dépositaire de ce legs, elle se sentait instinctivement engagée d'honneur à découvrir cette réalité et ces lois qui avaient assuré le succès, la santé et le bonheur de la vie familiale. Pendant plus de trente ans cette vie n'avait pas été troublée : il fallait trouver la raison de son brusque anéantissement. Les fondations de ce foyer avaient été par endroits réduites en poussière par l'épreuve de la vie. Il ne pouvait y avoir à cela qu'une explication : par instants seulement on avait atteint le roc de la réalité, et, pour le reste, on avait bâti sur le sable.

Cette vérité que l'on avait ignorée, il s'agissait par conséquent de la trouver et, pour cela, de considérer la vie comme une recherche, comme un voyage de découvertes. Cette résolution n'était pas plus tôt prise qu'elle lisait cette affirmation clairement écrite dans son cœur : « Ce n'est pas Dieu qui a fait le corps et les lois physiques. »

Mais que cette assertion paraissait étrange en regard de ce qu'elle avait appris et enseigné ! Pourtant ce qui l'avait occupée jusque-là, ce qui lui avait semblé vrai, ne comptait plus, puisqu'elle voyait à quoi cela aboutissait. Elle cessa donc d'enseigner l'obéissance au physique et s'adressa à ceux qui sont supposés être sages ; mais, en fait, ils lui répondirent tous : « Certes, c'est Dieu qui doit faire l'esprit humain et ses lois, et aussi le corps et ses lois physiques. » — C'est-à-dire tout ce par quoi vient le mal !

A chacune de ces réponses, l'avertissement que Dieu, lui semblait-il, écrivait dans son cœur, brillait d'un éclat plus vif et s'y gravait plus profondément. Une soif ardente de réponses aux questions de l'existence s'était emparée d'elle, et rien que l'eau même de la vie ne devait être capable de l'étancher.

Qui cependant pourrait l'aider à comprendre cette incroyable affirmation intérieure qui, telle une étoile fixe dans un ciel inconnu, l'attirait irrésistiblement? Et il était nécessaire de la comprendre: le but était visible, si le chemin qui y mène n'était pas frayé. Aussi, ne trouvant en Amérique aucun moyen d'y progresser, Katharine Pedrick partit pour l'Europe, dans l'espoir d'y vérifier sa nouvelle croyance et d'en trouver l'explication. Le hasard la servit et une rencontre qu'elle fit la mit sur la voie : elle connut une femme, dont le visage portait la trace des affreuses souffrances morales qu'elle avait endurées, et qui pourtant semblait heureuse. En réponse à ses questions, cette femme lui dit qu'une « Scientiste chrétienne » lui avait appris que « les lois physiques, le corps matériel et l'esprit humain n'ont pas de réalité ».

Ainsi il existait une doctrine enseignant au monde ce message qui, de plus en plus, se gravait dans le cœur de Katharine Pedrick et de plus en plus attirait son esprit. Il y avait mieux : cette nouvelle amie lui assurait que l'on pouvait arriver à comprendre ce message. C'était là un grand espoir, et à cette fin elle se mit à étudier le « Scientisme Chrétien » et, pendant huit ans, s'absorba entièrement dans cet effort. Alors elle commença à comprendre sur quoi Mme Eddy, la fondatrice du « Scientisme Chrétien », avait basé son assertion que « l'Esprit est tout en tout », et que la matière et l'intelligence humaine sont par suite sans réalité. Et ces huit années ne furent pas de trop pour qu'elle se rendît compte du pouvoir que donne cette compréhension, le pouvoir de surmonter le mal et de pratiquer le bien. Elle ne trouvait pas de mot pour exprimer sa gratitude à cette doctrine qui lui avait assuré cette connaissance et ce pouvoir.

Ayant enfin compris, dans une certaine mesure, ce que contenait le message gravé dans son cœur, elle se sentit entraînée à comparer sa propre expérience avec celles des autres, dans le passé et dans le monde entier. Dans cette intention, elle suivit les cours d'Harward, les complétant par des entretiens particuliers avec les Maîtres de cette Université, et donnant de nombreuses heures à l'étude de l'Histoire et de la Philosophie. Son but était de retrouver des courants de pensée qui, à travers les âges, ont été reconnus et sanctionnés, et dont le Scientisme Chrétien ne doit être qu'une forme plus moderne et plus avancée. Elle trouva de ces courants sous les noms d'Idéalisme et de Mysticisme, et apprit qu'ils avaient été depuis longtemps formulés et reconnus. On admettait qu'ils se manifestaient et se formulaient encore. La forme la plus élevée est celle qui, à l'heure actuelle, unit ces deux courants et à laquelle on peut donner le nom d'Idéalisme spirituel. Dans cette unité, cependant, elle trouva qu'il n'y avait d'Idéalisme que celui qui a son origine dans l'Esprit, et de Mysticisme que celui qui est pratique : un Idéaliste spirituel est un Mystique pratique. Il réalise et pratique une technique, une manière de penser spécifique, grâce à laquelle il fait apparaître la perfection divine dans sa vie quotidienne.

Peu à peu il lui fut révélé que comprendre

les éléments essentiels de n'importe quelle foi religieuse, ce n'est que comprendre une forme de l'Idéalisme spirituel. Toutes les différentes sectes religieuses représentent uniquement des variétés et des degrés d'expériences personnelles, qui, en leur essence, sont les mêmes. Les formes extérieures et le nom d'une secte particulière indiquent simplement jusqu'à quel point cette doctrine a réalisé la vérité : on peut dire encore que ces formes et ce nom indiquent la limite à partir de laquelle la secte cesse de réaliser la vérité.

L'unité intérieure qui existe sous la variété se manifesta clairement à elle grâce à des études et à des voyages subséquents. En cherchant partout l'Idéalisme spirituel, elle le trouva partout, à l'Est et à l'Ouest, au Nord et au Sud, souvent caché, bien entendu, et se révélant sous des aspects et à des degrés de développement profondément différents, mais impliquant toujours des processus de pensée qui sont spirituels, et qui se manifestent dans la mesure où ils sont réalisés.

Il lui parut donc clair que le Consolateur est partout, qu'il nous a été envoyé pour

nous conduire à toute vérité, comme dit Jésus-Christ, et que cet « Esprit de Vérité »
habitera toujours avec nous et nous donnera
sans cesse de nouvelles révélations de la vérité, dans toute l'éternité. Nous pouvons donc
n'être jamais satisfaits des révélations de la
veille, mais nous devons prêter avidemment
l'oreille, tous les jours, pour entendre de
nouveaux messages dans notre cœur. Nos
Églises doivent incarner cette idée de développement quotidien, qui constitue la croissance. Ces organisations sont secourables,
mais trop d'entre elles ont tendance, sous prétexte de fidélité, à cristalliser une période de
développement à l'exclusion des autres. C'est
une restriction dangereuse et illégitime et qui
n'est pas d'accord avec ce qui doit être le véritable rôle de tout groupement religieux. Le
développement quotidien est la loi divine de
la nature du Christ, et les institutions qui sont
la demeure de cette nature ne doivent pas la
contrarier, mais doivent, au contraire, favoriser et accueillir ce progrès perpétuel qui
est un processus éternel, produit en chacun
de nous par Dieu lui-même.

Tel est, en substance, le chemin parcouru

par l'auteur de ce livre, telle est la succession
de réflexions, d'efforts et de découvertes par
lesquels a passé cet esprit pour s'élever à ces
convictions qu'elle souhaite ardemment faire
partager à ses lecteurs. L'intérêt des pages
qui suivent, ce qui leur donne un accent de
sincérité émouvante, c'est donc, précisément,
de représenter un développement, on pourrait dire un épanouissement spirituel. Elles
sont le résultat d'une tentative pour découvrir
la Réalité, et la technique qui permet de la
faire apparaître de temps à autre. Peut-être
la contribution la plus importante de cette
biographie, à coup sûr la plus pratique, est-
elle cette technique spirituelle qui est indiquée
dans les parties IV et V. Chacun peut pour
lui-même la pratiquer, et ainsi marcher avec
succès, d'un pas toujours plus ferme, contre
les flots du mal qui menacent d'engloutir et
les autres et lui-même.

M. R.

PRÉFACE

Dans l'histoire de la pensée, les âmes vraiment religieuses de tous les temps ont été idéalistes, mais d'un type particulier. Il est intéressant de définir à nouveau ce type pour que nous puissions être sûrs de la place que tient le mystique moderne dans le développement spirituel de l'idéalisme du genre humain. Il y a un intérêt primordial à connaître les expériences de l'intuition spirituelle, mais les lois qui régissent de telles expériences sont de la plus haute importance pour nous, et doivent être formulées.

A notre époque surtout, ces lois méritent notre attention et, pour des raisons pratiques, nous sommes poussés à les rechercher. A dire vrai, aujourd'hui les Scientistes chrétiens, et autres types de mystiques modernes, déclarent qu'ils travaillent consciemment selon ces lois et que, à volonté, ils sont capables d'arriver à des réalisations spirituelles définies qui assurent la défaite du mal et l'accroissement du bien.

Une expression individuelle de la vérité spirituelle et son application sont données dans les chapitres XIII et XIV, comme aide à ceux qui désireraient en profiter eux-mêmes. Cette expression commença à se dessiner dans l'esprit de l'auteur après huit années environ exclusivement vouées à l'étude de ce sujet. La pensée prit ensuite graduellement la forme dans laquelle elle est ici présentée, durant onze années qui suivirent, pendant lesquelles elle fut pratiquement appliquée aux problèmes quotidiens.

Pour le mystique, essayer de décrire en détail sa vision céleste et de montrer aux autres le sentier qui y conduit, c'est apercevoir immédiatement l'impossibilité d'exprimer la pure signification de la pensée spirituelle en termes accessibles à la compréhension humaine. Cependant, la beauté de la vision était si attirante, et les bénéfices qu'elle confère sont d'une telle utilité pratique, que l'auteur s'est risqué à essayer d'indiquer une voie conduisant aux expériences spirituelles qui procurent cette vision, et cela en dépit de l'insuffisance des termes auxquels nous réduit le langage humain.

J'ai cité, à l'occasion, des auteurs dont la philosophie, dans l'ensemble, diffère sensiblement de la mienne. J'ai employé le mot *mystique* dans son vrai sens technique ([1]) et je l'ai appliqué à la conscience qui peut pleinement découvrir, comprendre, réaliser et manifester cette activité spirituelle et spontanée que Dieu provoque en elle.

C'est avec beaucoup d'estime pour leur aide que je me reconnais redevable à Kant, *Critique de la Raison pure*; à Royce, *l'Esprit de la Philosophie moderne*; également à *Science et Santé* par Mary Baker Eddy, et autres écrits de Scientisme chrétien. En lisant ce livre, on devra avoir présent à l'esprit que l'emploi de termes tels que « l'esprit temporel », « conceptions fausses », « mal », est une concession, un moyen de rencontrer à mi-chemin la pensée de la foule.

1. Celui dans lequel l'emploient WILLIAM JAMES, *les Variétés d'expérience religieuse* (lectures XVI et XVII), et EVELYN UNDERHILL, *la Voie mystique*.

TABLE DES CHAPITRES

I

INTRODUCTION

II

IDÉALISME

III

L'IDÉALISTE SPIRITUEL

IV

TECHNIQUE DE L'IDÉALISTE SPIRITUEL

V

CONCLUSION

CHAPITRE PREMIER

APERÇU GÉNÉRAL

Nous passons par des expériences si pé-
nibles et si pleines d'amertume, que nos
croyances anciennes ne nous apportent plus
ni soutien ni réconfort. De telles expériences
nous amènent à concevoir le mal d'une façon
toute nouvelle, à réaliser son prétendu pouvoir, ses apparences dans toute la vie, ainsi
que la crainte constante et la frayeur qu'il
nous a inspirées à tous, sous une forme ou
sous une autre. Cette conception nouvelle et
élargie de la nature du mal, de son pouvoir
apparent de nous faire souffrir et presque de
nous subjuguer, arrache nos natures au som-
meil, et, avec une détermination qui ne peut
être niée, des puissances jusqu'alors assou-

pies se révèlent à nous et viennent à notre secours.

Le voile ainsi déchiré, une vision apparaît : les problèmes de la vie doivent avoir des solutions justes, des vérités que l'on peut découvrir, comprendre, réaliser, et manifester ; dans ces formes d'activité on trouve les armes nécessaires pour se défendre contre le mal et sauvegarder le bien acquis. De plus, ce « Moi » nouvellement éveillé, renaissant à la vie de l'Esprit, percevant quelques lueurs du Royaume des Cieux et se sentant déjà, si peu que ce soit, relié à la Divinité, aspire à une connaissance et à un pouvoir proportionnés à l'étendue de ce qu'il entre aperçoit, fût-ce vaguement.

Dès lors, il surmonterait, pour lui-même et les autres, les maux universellement reconnus et les limitations imposées par le corps et l'esprit matériel ; mieux encore, il se dépouillerait absolument du Matériel, il se connaîtrait comme parfait et spirituel, même à la mesure de l'entière plénitude du Christ « tel, en un mot, qu'il pourrait accomplir les œuvres du Christ et de ses disciples et, comme lui, accomplir sa résurrection, sa transfiguration et son ascension, se prouvant à lui-même qu'il est comme le Fils bien-aimé en qui Dieu a mis toutes ses complaisances ».

Quand cette aspiration est éveillée avec l'assurance de la compréhension divine et de son pouvoir, elle ne peut plus être rejetée. Elle demande le sacrifice de toutes les exigences de moindre importance. Elle nous conduit hors des grands chemins conventionnels, renverse les murs des vieux préjugés et détruit notre confiance dans les anciennes interprétations de la vérité.

Et cependant, il semble qu'il se construise toujours pour notre usage une nouvelle fondation sur laquelle non seulement notre entendement futur, mais aussi notre foi première, est complètement assise. Les pierres de ce nouvel édifice sont les réponses qui nous viennent infailliblement à la suite de notre recherche ardente de la vérité. Ainsi, chacun de nous peut avoir une renaissance, un nouvel idéal de vérité, de Vie.

Combien d'entre nous ont jamais pensé à ce qu'est la *Vie* et beaucoup moins encore à l'utiliser dans un but défini. Si nous pouvions conformer notre conception de la Vie à ce qu'est réellement la *Vie*, nous trouverions le Secret de vivre, jusqu'à présent si trompeur que, découragés, nous avons cessé d'en chercher la solution, l'acceptant comme un mystère.

On a pensé que notre être est physique et mental aussi bien que spirituel, mais la Vie a été remise au creuset et il en est sorti une nouvelle formule dont ont été éliminés les éléments supposés matière et sens temporel. La nouvelle formule se lit maintenant : « Vivre, c'est être parfaitement conscient », ou « Vie est Esprit », « les Êtres dès lors sont spirituels ».

Celui qui définit la Vie d'une telle façon, l'Esprit étant tout dans tout, — et tout ce que nous appelons « choses », en dehors de lui, étant considéré comme faux, et dès lors irréel, — doit, de toute nécessité, sentir que le spirituel en nous tous, non seulement n'a été qu'à peine entrevu, mais a été estimé beaucoup au-dessous de sa valeur. Dans la vie morale, on a fait place au Spirituel, mais simplement à titre de principe éthique. Dans le monde des affaires, peu d'hommes savent que c'est à l'Esprit du Christ qui est en eux qu'ils sont redevables de leur succès. Dans le monde de l'Art, le Spirituel a peut-être été moins encore reconnu comme le secret de tout pouvoir créateur, et les scientifiques ne peuvent encore définir la Vie que par une série de phénomènes, parce qu'ils ne savent pas ce qu'elle est. Un article de M. G. Sellig nous donne une citation du Professeur Ward, qui illustre une telle définition (¹).

Ce « quelque chose en plus » du savant, qui fait la différence entre « les corps vivants et non vivants » et que les biologistes appellent « force vitale », nous croyons, comme nous l'avons dit, que c'est une force spirituelle. Cette force spirituelle, ou force de vie, n'est

---

1. « Entre la matière vivante et non vivante, il y a la différence fondamentale que, dans la matière vivante, il se trouve toujours quelque chose en plus des propriétés trouvées dans les corps non vivants. Ce quelque chose additionnel dote les corps vivants d'une tendance à déranger l'équilibre existant, à renverser les processus de désintégration qui règnent dans tout le monde inanimé, à accumuler et à construire, là où ils s'éparpillent et se détruisent, ces corps vivants, à conserver l'existence individuelle contre les forces antagonistes, à croître et à progresser, non pas d'une façon aisée, inerte, mais en luttant pour le mieux, en retenant chaque avantage obtenu et en travaillant à en acquérir de nouveaux. » *Journal médical et chirurgical de Boston*, vol. CLXIII, n° 22.

ni physique, ni chimique, ni mécanique, et elle n'apparaît pas comme telle à ceux qui la voient réellement. Elle ne réside pas dans la matière. Elle est la manifestation de l'Esprit, de la Pensée infinie, ou Dieu, et elle a une apparence spirituelle qui lui est propre.

Il s'ensuit que l'on possède la vie réelle, le savoir réel, l'amour réel, le beau, le bon, parce que l'on a une vie spirituelle. Mais si nous désirons réussir dans notre vie quotidienne, il est nécessaire que cette vie divine intérieure, — ce savoir divin intérieur, cette beauté et cette bonté, — apparaissent extérieurement ici-bas, et pour cela, nous devons découvrir cet état intérieur, en comprendre et en réaliser la nature, et alors le manifester. C'est cette manifestation qui constitue le succès, et il n'y en a pas d'autre. Quel que soit alors notre succès ou notre insuccès, c'est essentiellement dans le domaine du Spirituel qu'il convient d'en juger la valeur; et quiconque désire arriver dans une direction quelconque cherche, consciemment ou non, un épanouissement de ses pouvoirs pour découvrir et réaliser sa nature spirituelle et les vérités divines qui s'y reflètent.

La conception Spirituelle de la véritable Vie de l'homme et de son activité prend graduellement la place de ce qui est appelé le « normal », tel qu'il est conçu par la pensée matérielle. Et, par conséquent, les vieux agents d'éducation et de remède adaptés aux vieilles idées disparaissent, et les nouveaux viennent au jour, adaptés à la nouvelle conception. Si l'homme réel est spirituel, les moyens matériels, — soit physiques soit mentaux, ne peuvent l'aider dans le développement et la conservation de son Moi spirituel.

Ceux qui ont entrevu un rayon de la beauté de ce nouvel idéal n'attendent plus de devenir fautifs au point de vue du monde ; mais se rendant compte combien le type, dit « normal », est à peine supérieur au Matériel, ils cherchent à atteindre, avant d'être malades, la substance qui dépasse la vision humaine et qui est toujours bien portante ; ils cherchent, avant d'être laids et déformés, la beauté supraterrestre qui ne passe pas, et font des efforts vers la réalisation du Moi parfait, avant de tomber dans le péché. Leur amour pour les autres s'exprime en un nouvel idéal d'entr'aide, et dans de nouvelles formes de charité, basés sur l'élévation de ceux qu'on appelle « normaux » au-dessus des types moyens généralement acceptés (¹).

Aucun d'entre nous ne devrait être satisfait, jusqu'à ce qu'il puisse s'exprimer lui-même en une forme quelconque de l'art, et cependant, les amis qui sont déjà dans le bien-être et la prospérité, paraissent indifférents aussi bien qu'incrédules si l'on fait allusion à l'obligation pour eux d'étudier les lois spirituelles de la pensée, en vue de chanter ou de peindre. Et ceux qui sont déjà élevés jus-

1. Beaucoup de parents ne croient plus nécessaire qu'une jeune fille sortant du collège ait besoin de se plonger parmi les plus malheureux et les dégradés afin de rendre un service social. Le travail, au milieu de ceux que l'on appelle normaux, offre à toute notre jeunesse un vaste champ d'action sociale, et cela dans des conditions où elle ne court aucun danger d'arrêter son propre développement. Il y a danger de ce genre dans un milieu qui présenterait des problèmes trop difficiles à résoudre pour elle, et tendrait ainsi à la rendre ou morbide ou superficielle. Si nos jeunes gens veulent bien travailler parmi nos enfants, employant toutes les formes de l'art pour développer leur nature aux niveaux spirituels et les y tenir, de tels efforts révéleront chez les enfants des trésors spirituels cachés qui, dans les années suivantes, s'affirmeront eux-mêmes, aideront à soulever le « joug » matériel et allégeront le fardeau « du poids terrestre », qui attend inévitablement les hommes dans un milieu aux apparences matérielles, comme le nôtre.

qu'à pouvoir s'exprimer eux-mêmes dans de belles formes, devraient étudier les lois supérieures qui en sont la base, et qui, s'ils leur obéissaient consciencieusement, leur permettraient d'accomplir de plus grandes choses que celles mêmes dont ils étaient capables auparavant.

Dieu, le Père, notre Maître, nous pose à nous, ses élèves, des questions auxquelles Il demande des réponses correctes, c'est-à-dire *spirituelles*. Chaque acte de nos vies est la réponse que nous donnons à une de ses questions, et la somme de ses réponses constitue la vie de chacun de nous ; de pauvres réponses (c'est-à-dire des réponses matérielles) font de pauvres vies ; des réponses justes (c'est-à-dire spirituelles, font de riches vies. Beaucoup d'entre nous subissent avec peine leurs examens et sont bien juste reçus dans la vie, et tout au long de son cours échouent... et échouent encore...

Pourquoi donc d'autres réussissent-ils avec honneur ? C'est qu'ils donnent des réponses justes, ou de mauvaises, vivement corrigées. L'éclaircissement spirituel nous donne des réponses justes (spirituelles), avec une vie heureuse et pleine de succès. Pour cette raison, l'entraînement nécessaire pour entrer plus consciemment et plus entièrement dans l'état d'esprit spirituel, doit être suivi de tous, et plus particulièrement de tous ceux qui, par leur constitution, semblent être incapables de les éprouver. Un semblable entraînement met à notre service un mode de pensées jusqu'ici inutilisé. Par exemple, notre production mentale n'a pu supporter l'examen, sa qualité a été inférieure et ne peut pas, peut-être, rivaliser avec celle des autres. C'est alors qu'il est nécessaire d'améliorer et d'accroître notre activité mentale et d'élever notre compréhension, nos réalisations et nos manifestations, au plan spirituel, afin de satisfaire chaque jour aux demandes et d'obtenir des résultats plus satisfaisants.

Si les réponses d'un autre homme aux questions de la vie sont de telle qualité qu'il prend ses grades avec honneur, pendant que nos pensées, ou nos réponses, semblables aux monnaies à bas titre, n'ont qu'une petite valeur d'échange dans le royaume de Dieu, rendons-nous vite compte que la faute est en *nous*. Nous pouvons rendre nos pensées telles, qu'elles puisent rivaliser avec les meilleures; mais, pour réussir ainsi, nous devons cultiver un terrain de pensée qui n'a pas encore été travaillé à fond. C'est le terrain spirituel, mystique, que nous devons mettre en valeur. Ses contrées en jachère, pleines de promesses de grandes moissons, se trouvent dans l'Esprit de tout homme. Les richesses qui y sont entassées peuvent être rendues visibles, pour peu que l'on prête attention, qu'on les découvre et qu'on les comprenne. Dieu y sème les graines de la pensée juste ; seules les semences spirituelles croîtront dans ce sol de nos pensées, jusqu'ici peu cultivé. Nous apporterons la liberté de la tolérance, l'aiguillon de la sympathie, les grands agents vivifiants de l'amour aux semences parfaites, qui gisent tout au fond de l'obscurité. Nous travaillerons dans ce jardin longtemps négligé, le protégerons contre le ridicule, et resterons patients devant ses premières apparences qui semblent d'abord peu promettre ; ainsi nous pourrons récolter dès ici-bas la moisson spirituelle, pour nous et pour les autres ; une moisson qui nous donnera le pain quotidien. De plus, nous n'avons pas besoin, désormais, d'être *contraints par la souffrance ;* mais, si nous le choisissons, nous pouvons, par notre propre effort, entrer à volonté dans ces états de conscience où la vérité nous est révélée, car la technique suivant laquelle nous arrivons à ces états de conscience est maintenant déterminée (1).

1. Par « technique » nous voulons dire une façon spécifique de penser juste.

CHAPITRE II

SUITE DE L'APERÇU GÉNÉRAL
ET RAISONS DE DOUTER

Quelles sont les expériences assez fortes pour nous mener à croire que le *Spirituel* est *le seul réel*, que là est la seule juste réponse à toutes les questions qui surpassent en fait l'ordre matériel, visible et soi-disant essentiel.

Il y a de mesquines tyrannies qui nous lient. Il y a des moments sans but, où nous cessons de voir notre route et où nous cessons de nous en soucier. Comment et pourquoi la vision s'efface-t-elle ? nous l'ignorons, et ne savons comment la ramener ; mais nous avons seulement le sentiment d'une complète lassitude et de l'inutilité de l'existence (1). Quel-

---

1. « Pourquoi se sont-ils tués ? » demande Una, le menton dans la main. « Parce qu'ils étaient païens. Quand ils

quefois les soucis viennent trop tôt dans la vie, ne laissant pas de place aux fleurs de l'enfance, dont les fruits naturels sont la joie et l'espérance. Sans savoir pourquoi, beaucoup parmi nous ne se sentent pas « chez eux »; c'est peut-être le fruit amer de notre nation transplantée, où les famille sont fréquemment composées de membres qui ne sympathisent pas, sortis de races différentes et chérissant des idéals qui prennent racine dans beaucoup de pays étrangers. Pendant le travail de sa naissance, notre nation amalgama ces différences de race et d'idéal, et, dominée par une passion commune pour la liberté, se sentit elle-même unifiée; mais dans sa vigoureuse maturité, les traits et les désirs qui avaient été comme étouffés reviennent à la lumière, et nous nous sentons attirés

étaient fatigués de la vie (comme s'ils étaient les seuls à l'être) ils se jetaient dans la mer. Ils appelaient cela « aller trouver Wotan ». Ce n'était pas toujours par manque de nourriture, non certes. Un homme vous disait qu'il se sentait le cœur sombre, ou bien une femme vous disait qu'elle ne voyait que de longs jours devant elle : et ils allaient flâner vers les plaines fangeuses et c'était leur fin, à ces pauvres âmes, à moins qu'on ne vint les empêcher. » KIPLING, *Conversion de Saint Wilfred. Rewards and Fairies,*

vers un peuple et un foyer antérieurs (¹ ²).

Il y a en nous tous des défections inconscientes, qui nous font faillir à ceux qui nous aiment et ont confiance en nous : l'orgueil et l'obstination, ou simplement le défaut d'humour, par lequel nous manquons la rare union réservée à ceux qui aiment ; et cet esprit sombre et insatisfait, qui est aux aguets, nous rend toujours malheureux au fond de nous-mêmes, jaloux du bonheur des autres. Il y a de patientes espérances qui ne sont jamais réalisées, des résignations passives à une existence vide, des affections qui se refroidissent quand on arrive à l'âge mûr, des amis

1. « L'âme garde les caractéristiques de sa race, le cœur reste de son pays, de son clocher même. » PIERRE DE COULEVAIN.

2. Beaucoup parmi nous peuvent se rappeler un membre de leur famille qui se tient à l'écart, et que ses parents mêmes ne peuvent comprendre. Dans une famille, un ancêtre éloigné, Écossais, réapparut dans un enfant. Cet enfant aurait pu être envoyé à l'école à l'étranger ; mais on ne se rendit compte à quel point il était Écossais que lorsqu'il fut trop tard. Qu'est-ce qu'une ville de la Nouvelle-Angleterre, pleine de prospérité matérielle, pouvait lui offrir, à cet enfant, qui, instinctivement, rêvait des lacs et des montagnes de l'Écosse, voyait ses fleurs empourprées, sentait le mystère des sombres vallons, entendait l'appel de Benledi et de Roderick Dhu !

qui s'éloignent ; enfin arrive la solitude de la vieillesse. Il y a les musiciens qui ne terminent jamais leurs chansons, et ces artistes à qui la palette et l'inspiration échappent quelquefois (¹).

Si, à ces maux évidents et peut-être mineurs, on ajoute la pauvreté et ses effets engourdissants, le péché actuel, la souffrance, la maladie et la mort, avec l'obscurité, la peine et l'appréhension qui les entourent, quel autre éperon est nécessaire pour faire désirer de passer au delà et d'atteindre plus loin que ce soi-disant ordre de choses, et voir s'il n'y a pas une *interprétation du mal* et une *vérité* concernant le bien, dont on n'avait pas discerné la signification ; ou que, la discernant, on n'avait pas pu réaliser.

Celui qui commence à se rebeller contre les faits de la vie matérielle quotidienne, souvent avec son cœur d'abord, puis après, consciemment avec sa raison, ne cessera plus de se

---

1. « La vie de Wolf a illustré ceci : — Le temps d'inactivité, quand il se sent comme mort, suivi par des périodes créatives phénoménales, puis, plus loin, un manque d'inspiration, finissant enfin dans la folie. » ROMAIN ROLLAND, *Musiciens d'Aujourd'hui.*

rebeller jusqu'à ce qu'il atteigne le point où il doutera de la réalité de tout l'ordre naturel. Il mettra en doute le droit de l'intellect humain (¹) d'expliquer l'univers d'un point de vue purement physique, essayant ainsi de réduire à rien ce qu'il ne peut ni peser, ni mesurer.

Il ira plus loin, et en dépit de la limitation forcée de son intellect, — qui l'empêche de témoigner d'un monde dans lequel il est superflu, — il ne cessera pas, une fois éveillé, de faire des excursions dans ce même monde et de s'assurer lui-même journellement de la présomption d'un point de vue physique qui prend les objets corporels et les forces physiques pour les seules réalités.

Quand il a commencé à s'interroger ainsi et à défier les vieilles façons matérielles de penser, il secoue loin de lui une chrysalide mentale et il déploie, pour la découverte, la compréhension, la réalisation et la manifestation de la Vérité, une puissance dont il avait été relativement inconscient. Alors il existe

---

1. Le mot « intellect » est employé dans tout le livre pour signifier ce qui semble nous présenter le monde matériel. Voir *le Moi empirique* de KANT.

pour lui une grande réserve de joie, un large champ de science non rêvé, de nouvelles intimités spirituelles. Au commencement, il entre en communion invisible avec les génies de l'Esprit ; à la fin, il arrive à ce Paradis où tous les yeux sont ouverts à la même vision. Il se réjouit, et ne se sent plus seul quand il lit ses propres pensées dans les mots illuminés des autres (¹).

Désormais le chercheur tient pour certaine « l'insuffisance des connaissances communes pour atteindre l'idée du vrai savoir », et la vérité de la vieille idée que les sens ne nous

1. L'insuffisante nature du monde présent, le conflit des événements, l'ordre naturel avec les demandes sans trêve de l'Esprit, est le plus fort motif de surpasser l'ordre visible et de chercher l'invisible. Le fait que, dans le cours naturel des événements, comme l'observation le démontre, les bons et les grands sont souvent opprimés et périssent, pendant que les vulgaires et les méchants triomphent, est l'aiguillon qui nous pousse à nier l'absolue réalité de la nature. Cela est et reste le final et indestructible axiome de la volonté, que la réalité ne peut être indifférente au bien et au mal. Si donc la nature est indifférente, elle ne peut pas être la vraie réalité. Alors seulement, en arrière et au-dessus de la nature, comme simple phénomène, le vrai monde peut être découvert, et en lui le bon est absolument réel : i. e. en Dieu, qui est la réalité absolue et l'absolue bonté. » PAULSEN, *Emmanuel Kant. Sa vie et sa doctrine*, p. 308.

donnent que des déceptions. Désormais, pour lui, l'intellect ou le soi-disant « pouvoir de connaître » de l'homme naturel, qui témoigne de la réalité du monde de la chair, *ne dit pas la vérité*. Et il croit que Dieu « a forgé cette *autre* influence, cette chaleur de l'évidence intérieure, par laquelle « on doute des sens », et l'on réalise la *Vérité* ».

Le fait que nous réalisons la vérité d'une idée vitale, nous donne le sentiment que nous sommes nés une seconde fois. Nous voyons un nouveau ciel et une nouvelle terre ; et un flot de joie, jusque-là contenu, inonde les places ravagées et remplit les régions désertes de nos cœurs. L'obscurité est noyée dans une nappe de lumière dorée, pendant qu'un chant joyeux se mêle au flux envahisseur. Cette idée vraie semble neuve, et, comme une flamme claire, elle jaillit des feux qui couvent profondément en nous, elle se maintient libre et triomphante au-dessus des cendres de notre passé.

Une telle idée vitale naît en nous quand nous réalisons que l'intellectuel n'est pas le seul « pouvoir de connaître », mais n'est, tout au plus, qu'un côté d'une certaine dualité mentale apparente qui peut sembler se présenter partout où apparaît un esprit.

Un côté de cette dualité apparente consiste dans cette conscience apparente appelée parfois le sens mortel — ou, en philosophie, le moi empirique, — dont le « pouvoir de connaître » est l'Intellect. Il implique les corps matériels et toutes les conditions matérielles qui apparaissent à l'Être Spirituel comme limitation : pauvreté, maladie, chagrin et péché. Ces derniers ne sont que les apparences de la croyance temporelle en la matière en tant que substance, en la loi comme loi physique, et en lui-même comme ayant le pouvoir de connaître le vrai. Il n'y a là ni idée de Dieu comme Esprit, ni de loi comme morale. Le mécontentement, l'irritabilité, la culpabilité chez les autres, le malheur, la souffrance, la maladie et la mort sont des signes typiques de l'apparente activité de ce soi-disant « esprit » qui est fini, et n'est que le nom dont nous désignons notre apparente incapacité à réaliser la vérité.

L'autre côté de cet apparent dualisme mental réside dans cette conscience que nous appelons le « Moi spirituel »: sa substance est spirituelle et se manifeste dans les activités divines de la pensée, qui sont celles de Dieu lui-même. L'apparence de cette conscience spirituelle, ainsi que les lois qui la régissent, sont spirituelles également. Ce Moi spirituel est par conséquent parfait et rien de matériel, d'imparfait ou d'humain ne peut y être contenu.

Cette conscience spirituelle est la faculté de découvrir, de comprendre, de réaliser et de manifester l'activité de Dieu qui la constitue, et, dans la mesure où elle use de ce pouvoir, la conscience manifestera ici et maintenant, la joie de Dieu, Sa beauté, Sa vie, Sa vérité, et exprimera tout cela sous des formes parfaites et spirituelles. Il est évident, dès lors, que non seulement deux pouvoirs de connaître apparaissent : l'un mortel et l'autre Divin, mais que ce qui est vrai pour l'un ne peut être connu de l'autre. Ainsi parlait Paul : « L'homme naturel ne comprend point les choses qui sont de l'Esprit de Dieu, car elles lui sont une folie, et il ne les peut entendre, parce que c'est spirituellement qu'on en juge. » (I Corinthiens 2-4.)

Si, par un malheureux hasard, nous devenions aveugles à la Vérité au point de ne pas réaliser cet antagonisme, cette maison divisée contre elle-même, et si nous cessions aussi de voir que l'ordre matériel se trouve être opposé, comme un tout, au Divin, alors, hommes et femmes cesseraient de rien distinguer dans leur moral, et se soumettraient, avec un esprit soi-disant Chrétien, à l'incapacité physique, à la pauvreté, au hasard, et au chagrin. Si ce gouffre entre les deux parties opposées de notre nature et du monde en général semblait disparaître, et si leur apparente fusion était si complète qu'aucun point de raccord ne pût être trouvé, — le « faux et le vrai se rencontreraient dans un baiser au-dessus de la barrière où leurs royaumes se touchent », hommes et femmes nourriraient et chériraient les appétits et désirs soi-disant normaux de la chair. Ils regarderaient avec indulgence leurs excès, les considérant comme différents, non en espèce, mais seulement en degré de ce que l'on juge généralement être une satisfaction parfaitement naturelle et par conséquent juste. Du point de vue d'un esprit supérieur, le diable serait alors inclus dans le cercle angélique. Et ceci est précisément ce qui arrive ;

car maintenant le cerveau de l'homme ré-
clame « le suffrage égal » avec l'Esprit. Et
bien que l'existence de deux éléments dans
l'homme soit aujourd'hui généralement reconnu théoriquement, beaucoup d'entre nous
cependant ne classent pas, en fait, le Matériel
et le Spirituel comme séparés et antagonistes.

En permettant à notre vision de devenir
ainsi embrumée, nous semblerions mal employer la clef de la solution de nos problèmes;
car perdre conscience de la distinction entre
l'origine divine des bonnes pensées et l'origine étrangère des mauvaises pensées, c'est
apparemment cesser de faire une distinction
entre les prétentions de nos différentes pensées à la validité et à l'autorité. Et puisqu'une
enquête dans la généalogie d'une pensée ne
nous sauve plus du mal qui a pris place dans
notre Conception de l'Univers divin — les
péchés sont, en apparence, commis innocem-
ment, les enfants sont mis au monde négli-
gemment, — le bien de ceux que nous devrions
aimer est sacrifié à ceux que nous aimons,
l'immoralité est applaudie sous le nom d'art;
et tout cela avec une justification pure comme
la neige : « Dieu a fait le naturel, le Matériel. »

A chacun de nous aujourd'hui, sous une forme quelconque, s'offre l'idée qu'il doit obéir à ce qui est matériel, et par conséquent immoral, pour la raison que Dieu l'a fait.

En dépit de nos théories, cependant, nous n'avons jamais combattu le mal plus ingénieusement que maintenant. Mais sur quel terrain *pouvons-nous* combattre avec succès, tandis que nous maintenons que le côté bas de notre nature et le côté fini des choses en général sont d'origine Divine? En déclarant le naturel et le Spirituel égaux de naissance, et dès lors d'un rang égal et ayant des droits égaux, raisonnablement, ne renonçons-nous pas nous-mêmes à une base rationnelle pour la résistance victorieuse?

Si le « Spirituel file le naturel comme l'araignée file sa toile », la mort, le dernier ennemi, ne sera jamais vaincue, sans même parler des ennemis de moindre valeur. Si l'Esprit *est* le principe de nos mouvements involontaires, de nos fonctions nutritives involontaires, — dont la nourriture, la croissance, l'origine et par conséquent l'existence entière du corps matériel dépendent, — nous n'avons pas de source d'où tirer les armes pour combattre les maux du corps et de l'esprit.

Nous n'avons pas de recours si, dans ce royaume où nous vivons, un ordre rigide de la nature ne fait qu'un avec la très miraculeuse Vérité Divine ; et quoique « l'homme descende d'un ancêtre animal », cependant il est « la personnification, l'organe de l'absolue raison ». Si le Matériel est fait par Dieu, et si, par conséquent, il est vrai que l'homme a un corps de structure physique auquel il est soumis ainsi qu'à la loi physique, — alors l'homme *doit* souffrir, être malade, et mourir, et ayant un cerveau physique par lequel ses pensées sont conditionnées, inévitablement il sera sujet à la mesquinerie, à l'ignorance, à la méchanceté et même à la folie. Si la nature guette l'homme, cherchant qui elle « peut dévorer » avec ses forces mauvaises et variées, cet homme ne peut combattre contre de telles forces avec l'assurance du succès. En un mot, si l'univers est ce qu'il paraît au sens *fini*, le temps ne viendra jamais où « Dieu essuiera toutes larmes », et où la mort ne sera plus ; et où « il n'y aura plus ni deuil, ni cri, ni peine ».

Une telle croyance nous enlèverait notre foi

en un Père Céleste et nous ferait baisser nos têtes impuissantes en disant : « Que ta volonté soit faite sur la terre comme au ciel (1). »

Mais d'un autre côté, si nous pouvions au moins croire que le mal, bien que paraissant mélangé, est tout entier dans un cercle, le matériel, et le bon dans un autre, le spirituel ; et si nous pouvions sentir que, à cause de leur complet antagonisme les deux cercles ne peuvent êtres réunis, — l'unification entre Dieu et le Démon étant impossible, — nous aurions préparé la voie à la solution de nos problèmes.

Aujourd'hui, toute foi qui implique une réalisation de l'inimitié qui a toujours existé entre la chair et le sang d'un côté et le royaume du ciel de l'autre (2), est en avance sur ces croyances dans lesquelles l'âme a non seulement cessé de se révolter contre la chair,

1. On peut arguer que ce qu'il y a de soi-disant bon dans le monde matériel nous est donné par Dieu et est fait par Lui, mais non le mal ; mais puisque le mal est irrévocablement impliqué dans le Matériel, si Dieu est tant soit peu ligué avec l'ordre matériel, il est donc ligué avec le mal qui, de ce fait, appartient aussi à l'ordre divin. Si l'Univers matériel a son origine en Lui, le mal aussi a son origine en Lui.

2. L'entendement nous enseignera à aller plus loin que cette simple *séparation* du Matériel d'avec le Spirituel.

mais où même une réconciliation a paru se faire entre elles.

Dès lors à des questions telles que : « Dieu donne-t-Il à des êtres spirituels des pensées et des corps matériels, et les entoure-t-il de conditions matérielles dont leur vie dépend ? », nous devons répondre : le Matériel et le Spirituel sont opposés et sont, dès lors, mutuellement exclusifs. L'Esprit et le Spirituel ne connaissent pas le Matériel.

Pour voir ceci, il faut corriger l'imperfection de ses yeux. Mais comment ? Le pouvoir est en nous. Si nous l'employons, il nous amènera à la « terre de vision de saint Jean ». Grâce à lui, nous pouvons regarder au delà de ce spectacle mortel, de cette vie du mal, faite de l'étoffe dont les illusions sont faites, et voir la gloire du réel, qui croît de plus en plus brillant, jusqu'à ce que les imaginations mauvaises qui avaient dansé devant nous disparaissent. Alors seulement, ce qui est bon nous apparaît. Un royaume de glorieuse lumière s'ouvre à nous ; nous savons maintenant d'où elle vient, et « la vision éblouissante », « la gloire et le rêve » nous appartiennent à volonté.

CHAPITRE III

LA CONNAISSANCE SPIRITUELLE ET
LA CROYANCE MATÉRIELLE

Dans le précédent examen sommaire, qu'il est maintenant désirable d'approfondir, nous avons donné une définition de l'Être qui comprend, croyons-nous, la réponse juste à toutes les questions de la vie, c'est-à-dire : « l'Esprit et les activités de l'Esprit constituent tout l'Être ». Cette définition implique en elle-même que nous considérons comme fausse toute forme d'esprit opposée et par conséquent contenant des réponses fausses aux questions de la vie. On montrera plus loin sur quelle base on peut se croire autorisé à classer un certain soi-disant esprit et ses états mentaux sous la qualification de fausseté. Quant à présent, il est seulement nécessaire pour nous d'être clair au sujet de ce pouvoir que nous possédons de découvrir la Vérité et du pouvoir que nous semblons avoir; et des genres de faits que chacun d'eux nous donne; de sorte que, lorsque nous rejetterons une forme et lorsque nous en favoriserons une autre, ce que notre discrimination implique sera tout à fait clair.

Il y a, en apparence, deux moyens de connaître par lesquels nous pouvons acquérir des connaissances sur n'importe quel objet donné. Un de ces moyens est divin ou spirituel [1] et l'autre est fini [2]. Ces deux moyens basent leur connaissance sur l'expérience. Le fini, forme mortelle de croyance, est basé sur les expériences obtenues par les données du physique et appuyé par le témoignage de la conscience mortelle ou matérielle; tandis que les réalisations spirituelles, d'après notre interprétation, sont basées sur les expériences faites tout à fait en dehors des données des sens, et selon le témoignage de la conscience

1. Corinthiens 2; 11, 12, 16. Aussi KANT, *Compréhension intuitive*.

2. KANT, *le Moi empirique ou la Compréhension commune.*

divine ou spirituelle, quelquefois appelée *la plus haute conscience mystique.*

De cette différence de point de vue il résulte que deux réponses seront inévitablement faites eu égard à la nature de toute chose donnée : l'une, par le sens matériel, sera finie et physique, en accord avec sa nature ; l'autre, par la conscience divine, sera infinie et spirituelle, en accord également « avec sa nature ». Ces deux réponses, comme il apparaîtra plus clairement dans notre discussion subséquente, ne seront pas seulement différentes, mais elles seront absolument contraires l'une à l'autre. Par exemple, si l'on demande de quoi nous sommes faits, la conscience spirituelle [1] répond forcément : « Les enfants de l'Esprit sont spirituels » ; pendant que la soi-disant conscience matérielle ou finie [2] dira : « Ils sont faits de matière, gouvernée par la loi physique. » A toutes les questions, la conscience finie, moderne et empirique répond avec un système de *physiques* qui embrasse

1. Corinthiens 2 ; II, 12, 16. Aussi KANT, *Compréhension intuitive.*

2. KANT, *le Moi empirique ou la Compréhension commune.*

toutes les sciences, qu'elles aient leurs sources dans les « expériences intérieures ou extérieures (¹) ».

Acceptons-nous une réponse finie à nos questions?

En faisant cette demande, nous nous souviendrons encore que l'intérêt de notre discussion réside dans le fait que la Vie est une

---

1. « Tout ce que nous savons (dit la Conscience finie) de par notre expérience extérieure est corps, — c'est-à-dire matière dans l'espace et le temps. Les relations du temps et de l'espace sont recherchées par les *mathématiques*, pendant que la poursuite de la matière dans ses transformations est l'objet des *sciences naturelles* qui sous le nom de morphologie (minéralogie, botanique, zoologie) traitent des formes de la matière, comme sous celui d'étiologie (physique, chimie, physiologie) elles traitent de leurs changements et de leurs causes.

« Ces états et changements de matière dans l'espace et le temps, s'enchaînant ensemble par les anneaux de la causalité, sont appelés phénomènes. Ces phénomènes sont les manifestations d'une unité intérieure appelée force, force naturelle, dont les exemples sont la gravité, l'impénétrabilité, l'électricité, la cristallisation, etc. Chaque état dans la nature est une tension de forces contraires; par exemple : une construction, une union chimique, le corps humain dans les états de santé, maladie et mort.

« La science de l'expérience intérieure, d'après le point de vue physique, est la psychologie (au sens empirique du mot) comme il a pour sujet le phénomène entier de la perception intérieure et embrasse ainsi tout le domaine (empirique) connaissance, sentiment, vouloir. » DEUSSEN, *Éléments de Métaphysique*, pp. 2, 12, 13.

suite obligatoire de questions et la découverte des *vraies* réponses. La vie éternelle est une science de la Vérité, et, dès lors, que nous le veuillons ou non, si nous vivons, dans n'importe quel sens réel du mot, nous sommes forcés de poser des questions et de trouver de *vraies* réponses quant à la nature des choses. A tous les hommes, par conséquent, tôt ou tard, la question qui est posée maintenant devant nous sera posée de force, c'est-à-dire :

Accepterons-nous comme vraie aucune assertion finie ? »

Une étude du caractère du fini nous aidera à prendre notre décision.

CHAPITRE IV

LE FINI

L'étude du caractère du fini révèle ce qui, au moins, nous autorise à croire que, avant d'avoir terminé, nous trouverons une raison suffisante pour prouver que notre discernement de la fausseté du Matériel est inévitable. En ce qui concerne ce sujet nous ne pouvons faire mieux que de citer les vivantes descriptions de ces penseurs à qui le fini est apparu dans sa vraie lumière (1).

« Il y a peu de spectacles dans la Nature qui soient plus reposants pour l'âme qu'un champ de marguerites au mois de juin. Que ce soit à l'heure de la rosée du soleil levant, avec les joyeuses chansons dont les échos se répètent encore au sommet des arbres, ou

1. Fiske, *Par la Nature d'Dieu*, p. 59.

pendant que la splendeur luxuriante de midi
révèle les teintes délicates d'un feuillage pré-
coce d'une lumière de pure gloire, ou au
moment plus recueilli où les ombres s'al-
longent vers l'Est et où la brise fraîche de la
mer se fait sentir, ou même sous le sombre
manteau de l'obscurité, quand toutes les
formes se sont évanouies à la vue et quand
l'air de la nuit, rempli du murmure d'innombrables insectes, est si musical, — au
milieu des nuances variées par lesquelles
passe le cycle du jour, l'impression reste d'un
bonheur sans alliage, d'une profonde tran-
quillité d'esprit et de cœur que rien d'autre
n'apporte, sinon la contemplation de la
beauté parfaite. La pensée est reportée en
arrière au moment de ce matin du monde où
Dieu contempla Son œuvre et la trouva ache-
vée. Si dans l'Energie, Créatrice éternelle et
infinie, on peut imaginer une impulsion
inhérente poussant perpétuellement à une
création nouvelle, qu'est-ce que cela peut être
vraisemblablement, sinon la divine satisfaction de donner une existence objective aux
harmonies subtiles et sans bornes dont notre
monde est fait? Que ce soit un monde de

beauté parfaite et sans tache, qui peut en douter quand on flane à travers ce champ d'été? Pendant que notre pensée jouit délicatement de ces spectacles et de ces sons, il n'y a rien autre que la joie dans le chant du pinson; la note tendre de la grive nous parle seulement de la douce vie du nid; des êtres rampants ou ailés, s'échappant de leurs larves, nous remplissent d'une sensation de vie abondante, et les myriades de boutons d'or, consacrés par les vagues souvenirs des jours de juin de notre enfance, ne perdent rien de leur charme, en nous rappelant la profonde sympathie et la dépendance mutuelle dans lesquelles les mondes des fleurs et des insectes ont grandi. Les tiges de l'herbe mouvante, les feuilles ondulantes sur le buisson de lilas, exercent sur nous une rare fascination, car la matière verte qui remplit leurs tissus cellulaires et les tissus de toutes les choses vertes qui croissent, est le grand et inimitable ouvrier des merveilles du monde; son alchimie merveilleuse prend de la matière morte et lui donne le souffle de vie. Sans cette magicienne — la chlorophylle — agissant sous l'action des rayons du soleil, des choses telles que la vie animale et l'intelligence consciente seraient impossibles ; il n'y aurait plus ni problèmes de la création, ni philosophes pour en discuter. Ainsi les délices que les impressions des sens nous donnent lorsque nous errons parmi les boutons d'or et les marguerites s'approfondissent en gratitude et en vénération jusqu'à ce que nous comprenions complètement comment, de tout temps, les renouvellements de la Nature ont porté les hommes à des actes d'adoration et ont inspiré aux maîtres modernes de la musique, le plus religieux des arts d'expression, les accents des chants les plus sublimes.

« Et cependant nous n'avons qu'à nous approcher un peu plus près des faits pour trouver qu'ils nous disent une tout autre histoire. Au moment où nous pénétrons au delà de l'aspect superficiel des choses, la scène est changée. Dans le folklore d'Irlande on trouve la croyance très répandue en un pays de féerie, d'espoir éternel, de joie et de jeunesse, situé un peu au-dessous des racines des herbes. De ce pays de Tir nan Og, ainsi que l'appellent les paysans, les secrètes sources de la vie font jaillir leurs branches dans ce monde invisible, et c'est là que quelques mortels favorisés ont parfois trouvé leur voie. Ce n'est pas dans le pays béni de Tir nan Og que notre science sévère nous conduit, mais sur une scène de laideur et de haine, de querelle et de massacre.

« Macaulay nous parle du Champ de bataille de Neerwinden, où, l'été qui suivit cette horrible tuerie, toute la contrée était couverte d'un épais tapis de coquelicots, que les gens regardaient avec frayeur comme un témoignage de la colère du ciel contre les actions accomplies sur terre par les passions humaines. Chaque champ, l'été, quoique couvert d'un manteau du vert le plus doux, se trouve être la scène d'une hécatombe comme celle de Neerwinden, et beaucoup plus impitoyable. La vie d'innombrables animalcules y est une vie de labeur incessant, de foule et de lutte où le plus faible tombe sur le chemin, sans être plaint; on y rencontre des morts de faim et de froid, des vols éhontés et de meurtres cruels. Cette pelouse verte, en prenant possession de son territoire, a exterminé des centaines de plantes fleuries de l'espèce que les esthètes et économistes humains stigmatisent du nom de mauvaises herbes, et les tiges de l'armée victorieuse ne demeurent pas côte à côte en bonne amitié, mais, dans leur ardeur à jouir des rayons du soleil, elles se jettent de côté et se supplantent sans le plus léger remords. Parmi les insectes rampants ou bourdonnants dans l'air, les bizarres colimaçons, les vers fouisseurs, les crapauds boursouflés, c'est à grand'peine qu'un sur cent survit aux coups de la fortune adverse avant d'avoir atteint la maturité et laissé des descendants pour le remplacer. L'oiseau matinal qui partit en quête d'un ver, fut heureux, si, à la fin d'une journée remplie de luttes et de périls, comme celle du chevalier errant, il n'a pas servi lui-même de repas à quelque ennemi géant en maraude. Quand nous pensons aux serres du faucon enfoncées dans la poitrine du roitelet, pendant que l'implacable bec déchire les petites ailes du corps frissonnant et ensanglanté, notre sentiment envers la Nature est changé et nous sentons de la répugnance pour un monde dans lequel une pareille injustice, un tel sauvage mépris des autres, font partie du plan général. »

Examinant encore plus loin ce sujet, Fiske continue ainsi :

« Nous trouvons que cette lutte et cette hideuse haine, cette immense hécatombe par la famine et la lutte, fournissent les conditions indispensables pour l'évolution des types de plus en plus élevés de la vie.

« Même, il y a plus ; sans la destruction sans pitié de tous les individus qui tombent, faute d'un certain degré d'adaptation aux circonstances de la vie dans laquelle ils sont nés, le type dégénérerait inévitablement, la vie deviendrait plus faible et plus chétive en l'espèce. L'accroissement en richesse, en variété, en complexité, de la vie, n'est obtenu que par la sélection de variétés au-dessus ou au delà d'une certaine moyenne et par la prompte exécution d'une sentence de mort pour tout le reste. Le principe de la sélection est, d'une certaine manière, intensément calviniste : il choisit l'un et damne les quatre-vingt-dix-neuf autres. Dans ce processus de la Nature il n'y a rien qui sente l'égalité communiste ; mais « à celui qui possède il sera donné, et à celui qui ne possède rien sera pris même le peu qu'il a ». De cette sélection d'un petit nombre favorisé, un plus haut type de vie — ou, tout au moins, un type dans lequel il y a plus de vie, — est atteint dans bien des cas, mais pas toujours. Évolution et progrès ne sont pas des termes synonymes. La survivance du plus apte n'est pas toujours une survivance du meilleur ou du plus hautement organisé. Le milieu est quelquefois tel, qu'un progrès dans l'adaptation produit la dégénérescence du type, et le monde animal, comme le monde végétal, fournissent bien des exemples de dégénérescence. Un exemple éclatant est celui du chaînon qui nous relie aux ancêtres les plus reculés du type des vertébrés. Le molluscoïde ascidié, enraciné comme un polype sur la plage en eau peu profonde, a une vie embryonnaire qui montre que ses ancêtres ont connu de meilleurs jours quand ils se mouvaient, comme les poissons à travers les vagues, avec, en eux, la promesse d'un squelette vertébré. Ceci est un cas de dégénérescence bien marqué. Plus souvent, la survivance du plus apte préserve simplement le type stable, durant de très longues périodes géologiques. Mais de temps à autre, avec des circonstances favorables, la survivance élève le type. En tout cas, quand le type est élevé, c'est de par la survivance du plus apte, impliquant la destruction de tous les autres.

« Cette dernière assertion est probablement vraie pour toutes les plantes et tous les animaux, sauf que, appliquée à la race humaine, elle a besoin de quelques qualifications transcendantes que les étudiants de l'évolution sont très enclins à négliger. Pour le présent nous pouvons remarquer que le développement de la civilisation du côté politique a été un combat prodigieux pour la vie, dans lequel la possesion de certains attributs physiques et intellectuels a permis à quelques tribus ou nations de prévaloir sur les autres et de les subjuguer ou de les exterminer. Du côté industriel, la lutte n'a pas été moins violente ; l'évolution vers le plus haut rendement au milieu d'une compétition sans merci est un fait bien connu. Dans les occupations de la guerre comme dans celles de la paix, l'habileté a réussi à gagner des victoires dans lesquelles on a donné peu d'attention au bien-être du vaincu. Il n'y a peut-être pas, dans l'histoire humaine, de rapport qui se soit répété plus souvent que celui du faucon et du roitelet. L'agression a généralement été approuvée comme si elle se faisait dans l'intérêt d'une plus haute civilisation, et dans la majorité des cas la défense a été appuyée par les faits. En réalité, il a été communément vrai que la survivance du plus fort a été la survivance du plus apte.

« De telles considérations affectent notre sentiment envers la nature d'une manière déroutante... Une pensée surgit, que dans les jours passés nous aurions certainement combattue comme étant impie à proférer ; mais il est plus sage de laisser de telles pensées trouver leur entière expression, car c'est seulement ainsi que nous pouvons être sûrs de comprendre le genre de problème que nous essayons de résoudre. Cette méthode de la nature, qui accomplit le progrès seulement à travers la misère et la mort, n'est-elle pas, vraiment, une méthode excessivement brutale et grossière? On penserait que la vie doit être chère à l'éternel Donateur de la Vie, cependant combien elle paraît de peu de valeur si on la considère dans le plan général des choses! Afin que quelque espèce de phalènes puisse conserver un certain aspect fantastique et certains dessins sur les ailes, des milliers de phalènes sont condamnés à périr prématurément. Au lieu de faire, une fois pour toutes l'objet, la nature a pour méthode de faire quelque chose d'autre et de le rejeter, et ainsi de suite à travers les siècles sans nombre, jusqu'à ce que, par de lents rapprochements, la pensée créatrice soit réalisée.

« On appelle souvent la nature économe; cependant quelque chose peut-il être plus prodigue et plus cynique que la perte des vies individuelles? Cela ne rappelle-t-il pas une des plus fameuses histoires de Charles Lamb, celle de ce Chinois dont la maison avait brûlé accidentellement en rôtissant un porc; après quoi la chair délicate ayant été goûtée et sa renommée répandue au loin, on pouvait voir tous les épicuriens enfermer des porcs chez eux et mettre le feu à leurs maisons ? Il suffit d'ajouter que cette coutume ainsi établie dura des siècles, pendant lesquels chaque dîner au porc impliquait le sacrifice d'un domicile et il nous paraît être une parodie de la prodigalité de la Nature ou de ce qui est appelé de nos jours le Progrès Cosmique. D'un tel point de vue, le Progrès Cosmique apparaît inintelligent pour devenir immoral. »

Et Fiske dit encore (1) : « La survivance du plus apte, comme tel, n'a aucune espèce de relation avec les fins morales. La beauté et la laideur, la vertu et le vice sont tout un pour elle. A côté de la plus charmante rose vit la hideuse tarentule, et dans trop de cas les chances de trouver un gagne-pain sont plus grandes pour le mécréant que pour le saint. Comme je le disais précédemment, si nous bornons notre attention à la survivance du plus apte dans la lutte pour l'existence, nous n'arriverons probablement pas à des conclusions beaucoup plus satisfaisantes que celles de Caliban : « Je fais chaque fois à ma tête, « lui de même. »

« Dans un semblable univers nous cherchons en vain une sanction quelconque de moralité, une justification pour l'amour du prochain et pour le sacrifice de soi; nous n'y trouvons ni espoir, ni consolation; il n'y a même pas de dignité en lui; rien autre que la production absolue, sans trêve, et l'énergie absolue qui consume. »

1. FISKE, *Par la Nature à Dieu*, pp. 77, 78.

« Et, continue-t-il, si l'esprit montré dans
les ouvrages de la Nature ainsi considérée
n'est pas un esprit de moquerie capricieuse,
il semble être, tout au moins, un esprit
d'indifférence stupide. Il indique à la source
des choses une Force aveugle plutôt qu'une
Sagesse Bienfaisante. »

C'est dans un semblable état d'esprit que
Huxley nous dit, dans sa fameuse adresse
prononcée à Oxford en 1893, qu'il n'y a pas de
sanction de moralité dans le processus cosmique : « Les hommes dans la société », dit-il,
« sont sans aucun doute sujets au processus
cosmique. Comme parmi les autres animaux,
la multiplication va sans cesse et implique
une dure compétition pour les moyens d'existence. La lutte pour la subsistance tend à éli-
miner ceux qui sont moins aptes à s'adapter
aux circonstances. Le plus fort tend à écraser
le plus faible... Le progrès social implique à
chaque pas, un échec du processus cosmique,
auquel se substitue un autre processus que
l'on peut appeler le processus éthique, dont
la fin n'est pas la survivance de ceux qui arrivent à être les plus aptes en ce qui touche l'en-
tité des conditions qui existent, mais de ceux

qui sont les meilleurs selon l'éthique. » Huxley dit encore : « Comprenons, une fois pour toutes, que le progrès éthique de la société s'obtient, non pas en imitant le processus cosmique, encore moins en le fuyant, mais en le combattant. » Et encore : « Le processus cosmique n'a aucune espèce de relation avec les fins morales (¹). »

En continuant notre investigation sur le caractère du fini, nous citerons encore les descriptions d'autres auteurs.

« Il doit y avoir quelque sorte de mal présent toutes les fois qu'il y a une volonté finie. Ce n'est pas gai d'être fini, en tant que l'on *est* fini. On désire toujours savoir et posséder davantage ; et l'on vit dans toutes sortes de relations paradoxales avec d'autres vies finies. On vit dans le temps ou dans quelque forme imparfaite de conscience appréciative et l'on conserve ainsi son propre caractère fini et ses soucis infinis (²).

---

1. FISKE dit ensuite que Huxley employait le terme « processus cosmique » comme un équivalent de ce que Darwin appelait « sélection naturelle » et de ce que Spencer appelait « la survivance du plus apte ».

2. JOSIAH ROYCE, *l'Esprit de la Philosophie moderne*, p. 437.

« Beaucoup d'entre nous, préfèrent être finis plutôt que de ne pas être, quoique ceci ne soit pas nécessairement notre opinion. Mais être enfermé dans une coquille de noix et avec cela, avoir de mauvais rêves, c'est de l'essence de vie temporelle et finie.

« A ce point de vue on peut bien dire que, parlant en termes temporels, en ce temps présent il n'y a personne en ce monde qui en soit satisfait (¹). »

Continuant à caractériser le fini citons encore le professeur Royce : « La pire tragédie du monde est la tragédie du hasard brutal à laquelle toute chose spirituelle semble être sujette en ce monde, — la tragédie du diabolique illogisme des ennemis de tout ce qui a un sens ou peut faire face à un ennemi connu. Mais sa propre ignorance, sa propre folie, les accidents cruels de la maladie, la fatale mésintelligence qui sépare les amis et les amoureux, les erreurs du hasard qui ruinent les nations, sont choses sur lesquelles nous gémissons amèrement, non parce que douloureuses, mais parce que burlesques et cruelles.

1. Josiah Royce, *l'Esprit de la Philosophie moderne,* p. 438.

Ces choses ne nous rendent pas simplement la vie pénible; elles la font atrocement mesquine. Elles sont comme les « vils chevaliers » qui battaient Lancelot alors qu'il était, en sa course errante et sans espérance, à la recherche du Saint-Graal (1). »

Et encore : « Mais ce caractère capricieux de la vie est ce qui la rend semblable à un mauvais rêve. Considérons une fois de plus l'horreur impliquée dans la maladie héréditaire et dans la bassesse fatale et non méritée qui l'accompagne souvent. Considérons comment le mal fait par une personne lègue souvent non seulement la peine physique, mais l'inévitable et complète corruption et la dégradation morale d'un autre. Voici, hélas! les simples lieux communs de notre ordre temporel. Est-il facile de dire que ces choses sont nécessaires comme faisant partie de la gravité du monde spirituel? Non, car elles ne rendent pas le monde *spirituellement grave*. Elles le font plutôt insensé et méprisable. Le mal moral dans le pécheur endurci lui-même, on peut le regarder en face et le défier, et cela, même si

1. Josiah ROYCE, *l'Esprit de la Philosophie moderne*, p. 465.

vous êtes le pécheur. « Voici, pouvez-vous dire, mon ennemi naturel ; je sais ce qu'il est et pourquoi il est. Je le condamne, et me réjouis de le vaincre. » Mais la dégradation sans espoir et sans secours de la victime passive du pécheur, comment pourrez-vous parler à l'aise ou même avec défi après cela ? Il n'y a de place ici que pour la pitié ; et dans un monde qui est rempli de choses semblables, et qui en sera toujours rempli aussi longtemps que son ordre sera la proie des accidents mécaniques de la nature, où y a-t-il place pour autre chose que de la pitié pour son inutilité ?

« C'est bien ici, en réalité, que nous trouvons l'ennemi de qui Shakespeare parlait dans le sonnet qui commence ainsi : « Fatigué de tout cela, j'aspire à la mort reposante. » Et ce cri sera toujours celui des sombres instants, tant que les tragédies de notre monde nous apparaîtront principalement comme des tragédies morales. Certes, si ce n'était que notre péché qui nous tienne loin de Dieu, les hommes ne pourraient-ils souvent voir sa face ? Le vrai diable, alors, n'est pas un crime, mais un hasard brutal. Car ce diable nous enseigne à douter, et à refroidir notre cœur ; il nie Dieu

partout et dans toutes ses créatures ; il fait de
notre monde d'action, qui devait être une tragédie spirituelle à nos yeux, trop souvent une
pure farce. Et, voir l'aspect burlesque de cet
univers c'est, pour la première fois, recou-
vrer le sens de la vraie tristesse de la vie (1). »

1. Josiah Royce, *l'Esprit de la Philosophie moderne*,
pp. 468-469.

CHAPITRE V

LE MYSTIQUE

Si, avec la description précédente du monde fini, y compris notre propre vie temporelle, le dernier mot a été dit en ce qui touche la solution des problèmes de la vie, nous devrions être impressionnés par « l'impossibilité d'adoucir l'état mortel » et nous devrions renoncer au bonheur, car avec Omar Khayyam :

« Up from Earth's Centre through the Seventh Gate
    I rose, and on the Throne of Saturn sate,
    And many a Knot unravel'd by the Road ;
    But not the Master-Knot of Human Fate.

There was the Door to which I found no Key ;
There was the Veil through which I might not see. »

Mais devons-nous nous arrêter devant la porte pour laquelle il semble ne pas y avoir de clef, faut-il que le monde soit, et devons-nous être finis, matériels ? Il est absolument certain que l'intelligence finie ou l'intellect, les sentiments, la volonté, finis, liés comme ils le sont au matériel, n'ont pas d'alternative à offrir ; mais le Moi empirique dicte-t-il seul, ce que nous devons croire ? Qu'en est-il de nos autres états de conscience, qui ne sont ni matériels, ni intellectuels, mais spirituels ? N'ont-ils pas également le droit de parler, et quand ils témoignent d'un royaume suprasensible, ne leur accordera-t-on pas audience ?

Il y a beaucoup de personnes qui rapportent ces états de foi et de compréhension, témoignant non pas d'un monde des sens mais d'un ordre spirituel, suprasensible. De tels états de conscience ont une « qualité spécifique », et sont spéciaux au mystique. Dans leurs exemples les plus frappants, ces états ne sont « pas simplement une expansion et une extension d'un esprit conscient en soi (¹) », mais sont « la superaddition d'une fonction aussi distincte de celles que possèdent le commun des hommes, que la conscience est dis-

---

1. La plus grande partie des citations de ce chapitre sont tirées de WILLIAM JAMES, *les Variétés d'Expérience religieuse*, lectures XVI et XVII.

tincte de toute fonction possédée par les animaux supérieurs. Ce sont des états dans lesquels il survient « un éclaircissement intellectuel qui, à lui seul, placerait l'individu sur un
nouveau plan d'existence, et ferait, presque,
de lui un membre d'une nouvelle espèce ». Ce
sont « des révélations pleines de signification », « des vues intérieures dans les profondeurs de la vérité insondables à l'intellect »,
qui « nous donnent pour les émotions une
quatrième dimension ». « Quiconque est possédé par une conscience mystique, a franchi
les barrières entre lui et Dieu. »

Qu'est-ce que le mystique éprouve dans les
états précédents ? Quels sont ces faits que
l'instinct et la raison ne peuvent jamais connaître ? Des passages empruntés aux mystiques
eux-mêmes répondent à ces questions ; et
puisque nous nous occupons de révélations
d'une portée religieuse, nous nous bornerons
à la citation d'expériences dans lesquelles les
sens ne jouent aucun rôle.

Saint Jean de la Croix, écrivant sur l'intuition et le « toucher », par lesquels Dieu atteint la Substance de l'âme, nous dit qu'ils
« l'enrichissent merveilleusement ».

« Les Vedantistes nous assurent que, lorsqu'un homme sort de l'état mystique, il reste un illuminé, un sage, un prophète, un saint, tout son caractère est changé, sa vie éclairée. »

« Aux Indes, l'entraînement à la vision intérieure mystique a été connue de temps immémorial sous le nom de Yoga, qui signifie l'union expérimentale de l'individuel et du divin. Le yogi, ou disciple, apprend que l'esprit lui-même a un état supérieur, l'existence au delà de la raison, un état superconscient, et c'est alors qu'arrive cette connaissance qui dépasse la raison. De même qu'il se produit une activité subconsciente au-dessus de la conscience, une autre activité existe au-dessus de la conscience ; elles ne sont accompagnées d'aucun sentiment d'égoïsme. Il n'y a pas de sensation de « Moi » et cependant l'esprit travaille, sans désirs, libre d'inquiétude, sans objet, sans corps. Alors, la Vérité brille de tout son éclat et nous nous connaissons pour ce que nous sommes vraiment, — libres, immortels, omnipotents, débarrassés du fini et de ses contrastes de bien et de mal, — enfin, identiques à l'Ame universelle. »

« Quand un moine, de mes compagnons, »

dit Luther, « répétait un jour les mots du *Credo* : « Je crois dans la rémission des péchés », je vis l'Écriture dans une lumière entièrement nouvelle et immédiatement je me sentis comme si je venais de renaître. Ce fut comme si j'avais trouvé la porte du Paradis toute grande ouverte devant moi. »

« Je connais », écrit M. Trine, « un officier de notre police qui m'a dit que, souvent, en revenant chez lui, le soir, son service fini, il sent une si vivace et si éclatante réalisation de son unité avec le Pouvoir infini, et cet Esprit de Paix infinie le soutient et le remplit tellement, qu'il lui semble que ses pieds peuvent à peine toucher le pavé tant il se sent devenir léger et joyeux en raison de ce flux envahissant. »

Dans l'autobiographie de J. Trevor nous trouvons : « Ces très hautes expériences que j'ai eues de la présence de Dieu ont été rares et brèves, — des éclairs de conscience qui m'ont obligé à m'écrier avec surprise : Dieu est ici ! — ou des conditions d'exaltation et de vue intérieure moins intense, et disparaissant seulement graduellement. C'était toujours dans les moments les plus significatifs que la Présence Réelle apparaissait, et j'avais conscience d'être plongé dans l'océan infini de Dieu. »

« Saint Ignace dit, qu'une seule heure de méditation lui avait enseigné plus de vérités sur les choses célestes que ne lui en auraient appris les enseignements de tous les docteurs réunis. »

Un psychiatre Canadien, le docteur R. M. Bucke, donne le nom de « conscience cosmique » à ces phénomènes les plus distinctement caractérisés. « La caractéristique essentielle de la conscience cosmique est une conscience du cosmos, c'est-à-dire de la vie et de l'ordre de l'univers. Avec la conscience du cosmos, vient en même temps une illumination intellectuelle qui placerait l'individu sur un nouveau plan d'existence, et qui ferait presque de lui un être d'une espèce nouvelle. A ceci est ajouté un état moral d'exaltation, un sentiment indescriptible d'élévation, d'enthousiasme, d'allégresse, et une accélération du sens moral qui est aussi frappante et plus importante que ne l'est l'augmentation du pouvoir intellectuel. En même temps, naît ce que l'on peut appeler un sens d'immortalité, une conscience de vie éternelle, non pas la conviction qu'on l'aura, mais la conscience qu'on la possède déjà. »

Le docteur Bucke parle plus loin de sa propre expérience dans la conscience cosmique : « J'avais passé la soirée avec deux amis, dans une grande ville, lisant et discutant sur la poésie et la philosophie. Nous nous étions séparés à minuit. J'avais une longue route à faire dans un fiacre jusqu'à mon domicile. Mon esprit, profondément sous l'influence des idées, images et émotions soulevées par la lecture et la conversation, était calme et tranquille. Je me trouvais dans un état de jouissance paisible, presque passif, ne pensant pas réellement, mais laissant les idées, les images et les émotions couler d'elles-mêmes, pour ainsi dire, à travers mon esprit. Tout à coup, sans aucun avertissement d'aucune espèce, je me trouvai enveloppé dans un nuage couleur de flamme. Pendant un instant, je pensai à un incendie, une immense conflagration quelque part, tout près, dans la grande cité; l'instant suivant, je savais que ce feu était en moi. Aussitôt j'éprouvai un sentiment d'exaltation, d'immense allégresse, immédiatement suivie d'une illumination intellectuelle impossible à décrire. Entre autres choses, je n'en vins pas seulement à croire, mais je vis que l'univers n'est pas composé de matière morte, mais est au contraire une Présence vivante ; je devins conscient, en moi-même, de la vie éternelle. Ce n'était pas une conviction que j'aurais la vie éternelle, mais que je possédais dès lors la vie éternelle ; je vis que tous les hommes sont immortels, que l'ordre cosmique est tel que, sans aucun doute, toutes les choses agissent ensemble pour le bien de chacun de nous tous ; que le principe fondamental du monde, de tous les mondes, est ce que nous appelons amour ; et que le bonheur de chacun et de tous, à la longue, est absolument certain. La vision dura quelques secondes et disparut ; mais son souvenir et le sens de la réalité de ce qu'elle m'a enseigné m'est resté durant le quart de siècle écoulé, depuis son apparition. Je savais que ce que la vision montrait était vrai. Cette vue, cette conviction, je ne l'ai jamais perdue, même durant des périodes de profonde dépression. »

L'exemple suivant est pris de l'autobiographie de Al-Ghazzali, philosophe et théologien persan, qui florissait au onzième siècle et qui est mis au rang des plus grands docteurs de la croyance musulmane. « La science des Soufis », dit l'auteur musulman, « a pour but de détacher le cœur de tout ce qui n'est pas Dieu et de lui donner pour unique occupation la méditation de l'Être divin. La théorie étant beaucoup plus facile pour moi que la pratique, je lus certains livres jusqu'à ce que j'eusse compris tout ce qui pouvait être appris par l'étude et par ouï dire. Alors je reconnus que ce qui se rapporte le plus exclusivement à leur méthode est justement ce que ne peut saisir aucune étude, mais seuls le transport, l'extase, et la transformation de l'âme... Ainsi j'appris ce que les mots pouvaient enseigner du Soufisme, mais ce qui restait ne pouvait être appris ni par l'étude, ni par les oreilles, mais uniquement en se donnant soi-même à l'extase et en menant une vie pieuse... La première condition pour un Soufi est de purger son cœur entièrement de ce qui n'est pas Dieu. Le second point de la vie contemplative consiste dans les humbles prières qui s'échappent de l'âme fervente et dans les méditations sur Dieu dans lesquelles le cœur est complètement absorbé. Mais en réalité ceci n'est que le commencement de la vie du Soufi, la fin en étant une absorption totale en Dieu...

C'est pourquoi, de même que la compréhension est un état de la vie humaine dans lequel l'œil s'ouvre pour discerner des objets intellectuels variés, incompris par la sensation, de même aussi, dans l'état prophétique, la vue est illuminée par une lumière qui découvre les choses cachées et les objets que l'intellect n'arrive pas à atteindre. Les principales caractéristiques du prophétisme sont perceptibles seulement durant le transport, par ceux qui embrassent la vie Soufite. Le prophète est doué de qualités dont vous ne possédez pas l'équivalent, et que en conséquence vous ne pouvez nullement comprendre. Comment connaîtriez-vous leur nature, puisque, seul, la connaît celui qui peut la comprendre? Mais le transport auquel on arrive par la méthode des Soufis est semblable à une perception immédiate, exactement comme si on touchait les objets avec la main. »

Saint Jean de la Croix, un des meilleurs maîtres mystiques, décrit ainsi la condition

appelée « l'union d'amour » qui, dit-il, est atteinte par la « Sombre Contemplation ».
« Dans celle-ci, la pénétration de l'âme par
la Déité a lieu, mais d'une façon si cachée
que l'âme ne peut trouver ni expressions, ni
termes, ni moyens, ni comparaisons par lesquels elle puisse rendre le sublime de la sagesse et la délicatesse du sentiment spirituel
dont elle est remplie. Nous recevons cette
science mystique de Dieu sans aucune des
sortes d'images ou des représentations sen-
sibles dont notre esprit fait usage dans les
autres circonstances. Par conséquent, puisque
dans cette connaissance les sens et l'imagination ne sont pas employés, nous n'avons ni
forme, ni impression et nous ne pouvons
rendre aucun compte, ni fournir aucun équivalent, quoique la mystérieuse et suave Sagesse arrive si clairement dans l'intérieur le
plus intime de notre âme. Imaginez un homme
voyant un certain objet pour la première fois :
il peut le comprendre, l'employer, en jouir,
mais il ne peut lui appliquer un nom, ni en
communiquer aucune idée, quand bien même
ce n'est qu'une simple question de sens.
Combien donc sera-t-il au-dessus de son pou-

voir de description si l'objet est au delà des sens? Ceci est la particularité du langage divin. Plus il est pénétré, intime, spirituel et suprasensible, plus il dépasse les sens internes et externes et leur impose silence... L'âme se sent alors comme placée dans une vaste et profonde solitude, dans laquelle nulle chose créée n'a accès, dans un immense désert sans bornes, — désert plus ravissant, étant plus solitaire. — Là, dans cet abîme de sagesse, l'âme s'agrandit de ce qu'elle boit aux sources vives de la compréhension d'amour,... et reconnaît, quels que soient les termes sublimes et savants que nous employions, combien ils sont bas, insignifiants et impropres, quand nous cherchons par leur moyen à discourir des choses divines. »

Le professeur James dit avoir tiré, d'un livre français, cette expression mystique du bonheur de la présence intérieure de Dieu. « Jésus est venu pour demeurer dans mon cœur. Ce n'est pas tant une habitation, une association, qu'une sorte de fusion. Oh! quelle vie nouvelle et bénie! Vie qui devient chaque jour plus lumineuse... Le mur qui est devant moi, sombre il y a quelques instants, est maintenant splendide car le soleil brille sur lui... Les jours se succèdent ; hier un ciel bleu, aujourd'hui un ciel couvert de nuages, une nuit remplie de rêves étranges ; mais, aussitôt les yeux ouverts et dès que je reprends conscience et semble commencer de vivre à nouveau, c'est toujours la même figure devant moi, toujours la même présence qui remplit mon cœur... Précédemment, le jour semblait sombre par l'absence du Seigneur. J'avais coutume de m'éveiller, envahi par toutes sortes de tristes impressions, et je ne le trouvais pas sur mon chemin. Aujourd'h ii Il est avec moi, et les légers nuages qui couvrent les choses ne sont pas un obstacle à ma communion avec Lui. Je sens la pression de Sa main ; je sens quelque chose d'autre qui me remplit d'une joie sereine : oserai-je en parler ouvertement ? Oui, car c'est la véritable expression de ce que j'éprouve. Le Saint-Esprit ne me fait pas simplement visite ; ce n'est pas uniquement une apparition éblouissante, qui peut d'un moment à l'autre replier ses ailes et me laisser dans ma nuit : c'est une habitation permanente. Il ne peut partir qu'en m'emmenant avec lui. Mieux que cela : il n'est pas autre que moi-même : il ne fait qu'un avec moi. Ce n'est pas une juxtaposition : c'est une pénétration, une modification profonde de ma nature, un nouvel état de mon être. »

Parmi beaucoup d'exemples j'ai choisi le suivant de Thomas à Kempis : « Donne-Toi à moi et c'est assez ; car en dehors de Toi rien autre n'est utile. Sans Toi, je ne puis exister, et sans Ta visite je ne puis vivre. Dès lors, il me faut souvent m'approcher de Toi et Te recevoir comme un remède pour la santé de mon âme, de crainte que par aventure je ne tombe dans le chemin, si je suis privé de cette nourriture céleste. »

La citation suivante est tirée de *Science et Santé* par Mary Baker Eddy.

« J'appris ces vérités de la divine Science, quand, en apparence, j'étais près des confins de l'existence mortelle, me tenant déjà dans l'ombre de la vallée de la mort ; oui, j'appris que tout être réel est en Dieu, l'Esprit divin, et que la Vie, la Vérité et l'Amour sont tout puissants et toujours présents ; que l'opposé de la Vérité, — appelé erreur, péché, maladie, souffrance, mort, — est le faux témoignage d'un sens matériel trompeur, de l'esprit dans la matière; que ce faux sens implique, en croyance, un état subjectif d'esprit mortel, que ce même soi-disant esprit nomme matière, excluant par là le vrai sens de l'esprit. »

La beauté de tout ceci réside dans le fait que ces expériences témoignent que la réalisation en l'homme de la Vérité est en train de poindre à l'égard de Dieu et de la relation qui existe entre le père et ses enfants, peu importe le milieu ou l'éducation antérieure.

L'étudiant en mystique se rappelle inévitablement la richesse des expériences qui lui sont offertes dans la Bible :

Il y eut la visite de l'ange Gabriel à une vierge de Nazareth, et sa prophétie : « L'Esprit Saint viendra sur toi et la puissance du Très-Haut te couvrira de son ombre; c'est pourquoi aussi l'Être saint qui naîtra sera appelé Fils de Dieu (1). » Il y eut les Rois Mages, qui suivirent l'étoile qui allait devant eux, jusqu'à ce qu'étant arrivés sur le lieu où était le petit Enfant, elle s'y arrêta (2), et il y avait des Bergers qui gardaient leurs trou-

1. L'Annonciation : Luc, 1, 26-35.
2. Mathieu, 2; 1-12.

peaux pendant les veilles de la nuit ; et un ange du Seigneur se présenta à eux... Et tout à coup il y eut avec l'ange une multitude de l'armée céleste, louant Dieu, et disant : « Gloire à Dieu, au plus haut des cieux et paix sur la terre aux hommes de bonne volonté (1). »

Dans Jésus-Christ, le plus spirituel des mystiques, se trouve révélée, en des lignes très nettes et avec une merveilleuse profondeur, la conscience qui connaît le spirituel, et le *pouvoir* qu'une telle conscience possède. Les preuves de ce pouvoir sont données dans les miracles du Christ, tels que la nourriture de cinq mille hommes, la guérison des malades, la résurrection de Lazare, suivis par Sa Transfiguration, Sa Résurrection et Son Ascension, qui témoignent de Sa propre élévation dans le pouvoir et le savoir spirituels.

Une telle conscience désire montrer aux autres le chemin du pouvoir, et, obéissant à ce désir, Jésus s'appliqua infatigablement à enseigner à ses disciples ce qu'il savait ; et nous nous rendons compte avec quel succès, en nous souvenant du jour de la Pentecôte, ou de la

1. Luc 2; 8-14.

guérison de l'homme boiteux par Pierre, ou encore lorsqu'il rendit Tabitha à la vie. Paul lui-même fut rempli du Saint-Esprit, quoiqu'il n'eût jamais vu Jésus dans la chair.

A première vue, quand on contemple ces expériences mystiques, elles paraissent former un mince filet de pensée, un fil d'or, à moitié caché ; mais en suivant son cours, qui se déroule de siècle en siècle, depuis les plus vagues aperçus des temps jusqu'à nos jours, descendant les montagnes d'expériences qui élèvent leurs pics neigeux vers le ciel, on voit ce même petit filet qui reçoit en lui beaucoup d'autres courants reflétant dans leurs profondeurs, en couleurs brillantes, les réflexions sans nombre qu'ils reçoivent de là-haut, jusqu'à ce que, pareil à une rivière de vie, il coule du cœur des hommes aux pieds de Dieu et lui rapporte, en mesures mélodieuses, les battements du pouls de Son monde. Nous suivons la trace de ce courant partout où les hommes ont vécu, et nous découvrons les terres et les végétations multiples à travers lesquelles son flot a coulé. Nous y goûtons leurs fruits et nous sentons le suave parfum de leurs fleurs, en respirant la divine essence qu'elles exhalent, qui sort, distillée, des cœurs exaltés d'une multitude en prière.

Et ce ne sont pas seulement les prières des héros et des martyrs qui seront conservées dans ce grand hymne des âmes humaines, mais aussi les prières des êtres innombrables qui paraissent être comme du bois flottant au gré des eaux sur l'océan de la Vie, et qui, quoique leurs lèvres soient silencieuses, élèvent cependant leurs cœurs, parlant aux hauteurs bien loin au-dessus d'eux, en une imploration passionnée, pour que leurs mains ne faiblissent pas et que leurs cœurs ne se troublent pas. Si nous pouvions connaître toutes les prières de l'humanité entière, quelle contribution ne serait-ce pas à ce rapport de la vie de l'homme en cette communion étroite et soutenue avec son Père.

Partout, de toutes les hautes sphères de la pensée, viennent aussi à ce seul courant de diverses eaux, l'extase de la vie, ses rires comme ses pleurs ; et suivant que ses profondeurs sont remplies de l'esprit d'altruisme et d'efforts élevés, sa surface s'agite et étincelle avec l'esprit de gaîté qui est en l'homme.

CHAPITRE VI

LE DÉVELOPPEMENT DE LA CONSCIENCE MYSTIQUE

Après avoir lu et analysé ces expériences mystiques, on peut être satisfait d'en venir à ces conclusions savantes que « de tels états nous ouvrent d'autres ordres de Vérité », et que « leur existence rejette absolument les prétentions des états non mystiques d'être les uniques et ultimes dictateurs de ce que nous pouvons croire (1) ».

Personne ne peut donner de telles conclusions, dans une forme plus convaincante que le professeur James quand il dit : « Notre conscience normale à l'état de veille, —conscience rationnelle, comme nous la nommons, —

1. WILLIAM JAMES, *Diverses Expériences religieuses,* p. 427. « L'état mystique brise l'autorité de la conscience non mystique ou rationaliste, basée sur les sens et l'intellect seuls. » JAMES, p. 423.

n'est qu'un type spécial de conscience, pendant que tout autour d'elle, séparées d'elle par le plus mince des paravents, se posent des formes potentielles de conscience absolument différentes. Nous pouvons vivre de notre vie sans soupçonner leur existence; mais employez le *stimulant* requis, au premier appel Ils sont là, dans toute leur plénitude, types définis de mentalité qui ont probablement, quelque part, leur champ d'application et leur adaptation (¹).

Ces conclusions, posées dans le froid langage des recherches scientifiques, sont inévitables si le lecteur des expériences mystiques est d'un esprit ouvert et désintéressé. Une personne également réceptive aux expériences des autres, mais y apportant un tempérament différent, aura l'imagination troublée quand les mystiques parlent d'une vie passée et de l'autre côté de ce champ de conscience que la plupart des hommes appellent « normal ». Et quand ces mystiques, repassant la frontière de cette conscience appelée « normale », rapportent les rumeurs des occupations et les

1. WILLIAM JAMES, *Diverses Expériences religieuses*, p. 388.

aspects d'une autre terre rarement explorée, et disent les rêves qui se réalisent « dans quelque île ombragée de félicité, parmi les battements d'une mer d'acier », elle peut désirer avec indolence voir, comme saint Martin, « les fleurs qui résonnent, et entendre les notes qui brillent, » et avec les poètes Celtes saisir la « musique du Soleil en feu, sur les vagues, à l'aurore ».

Un autre peut aller plus loin en entendant parler des expériences mystiques et, avec la noble ambition d'élargir son horizon, peut consciencieusement décider d'essayer, en vue de son éducation, de semblables expériences, cette vérité mystique existant pour celui qui entre dans ce plus haut état de conscience, et n'existant que pour *lui seul*.

Si, cependant, quelqu'un lit les expériences du mystique, non pas avec une curiosité nonchalante ni même intellectuelle, mais *dans la lumière d'une expérience finie, déterminée*, par laquelle il vient justement de passer, son attitude sera d'une nature beaucoup plus sérieuse. Son expérience peut être faite de chagrin, de solitude, de souffrance, peut-être de péché ; ou bien il se peut seulement que son

cœur batte lourdement et manque de désirs.
Mais quelle que puisse être l'Expérience, s'il
est conscient de sa signification, le poids de
cette expérience consciente sera suffisant pour
le révolter contre le quotidien et lui faire désirer d'entrer en contact avec ce qui doit le
dépasser. Doit-il être fini et sujet à un ordre
fini, c'est la question qui se présentera en lui
avec une force persistante. A un semblable
moment, aucun Omar Khayyam ne connaît
mieux que lui « la porte sans clef », ni « le
voile à travers lequel nous ne pouvons voir ».
Il n'est maintenant pas besoin d'un Schopen-
hauer, pour dire que la vie, d'un bout à l'autre,
n'est que tragique et mauvaise. A un tel moment, il trouve dans la « foi qui regarde au-
delà de la mort », ou dans la pensée philoso-
phique, une pauvre consolation à la perte de
ce « brillant rayonnement » qui lui manque
en cet instant.

Les expériences mystiques, lues à un tel
moment, font plus que s'adresser à cette
faculté qui recueille les données ; elles font
plus qu'enflammer l'imagination ; elles font
plus qu'animer notre instinct pour notre développement personnel. Elles sont le navire

en vue au moment où nous allions sombrer ; elles éveillent un espoir en nous et déchirent le sombre nuage, à mesure que nous nous abreuvons avidement du sens réel des expériences mystiques. Ce sens est celui-ci ; tandis que la conscience appelée « normale, rationnelle » est parallèle au monde fini, la plus haute conscience mystique n'est pas seulement parallèle au monde divin mais elle et son royaume sont antagonistes et destructeurs du monde fini. Et à ce moment précis nous atteignons à un rayon de cette grande vérité : que nous avons nous-mêmes le pouvoir de déterminer le monde où nous vivons, en faisant un choix de la conscience que nous adoptons (1). Si nous

---

1. Nous verrons que l'Idéalisme, de n'importe quelle nature, réduit l'univers aux pensées et à leurs apparences mentales. Techniquement parlant, et du point de vue de l'Idéaliste Spirituel, chaque vraie pensée a son apparence spirituelle parfaite, qui néanmoins apparaît à l'extérieur seulement en proportion de la réalisation individuelle de la pensée et de son apparence. L'apparence matérielle du monde, dès lors, n'est qu'une peinture de notre manque de réalisation de la perfection spirituelle existante. Ou bien, partant du même point de vue, mais en termes moins techniques, on peut dire que la qualité, la nature de chaque apparence extérieure dépend entièrement de la nature des pensées qui sont derrière elle. L'apparence

choisissons de tenir active la conscience matérielle, humaine, un tel choix nous assurerait la vie d'un être en apparence matériel,
sujet au plaisir sensuel, au chagrin, au péché,
à la douleur, à la mort et à toutes les conditions finies. Si nous choisissons au contraire
d'amener en jeu et de garder actives les plus
hautes réalisations de la Conscience spirituelle, nous déterminerons virtuellement, pour
nous-mêmes, la vie d'un Être spirituel, sujet
à la loi spirituelle, et libéré de l'ordre physique, avec tous les maux et les plaisirs y
attenant.

Quand, une fois, une souffrance intense
ou même un manque de joie et d'intérêt a
révélé à quiconque cette signification réelle
de l'expérience mystique, et qu'il voit, par les

matérielle du monde est l'apparence extérieure des pensées « temporelles » seulement. Il y a cependant d'autres
apparences que peuvent voir ceux qui élèvent leurs pensées au-dessus du plan mortel, ceux qui s'absorbent dans
le Spirituel. Par exemple, Jean vit « un nouveau ciel et
une nouvelle terre ». Elisée vit Elie enlevé d'auprès de lui,
et Jésus-Christ, lorsqu'il fut baptisé, sortit directement de
l'eau, et, à l'instant, les cieux furent ouverts, et il vit l'Esprit de Dieu descendre comme une colombe, et venir sur
lui. Aussitôt une voix vint des cieux qui dit : « Celui-ci
est mon Fils bien-aimé, en qui je me suis complu » Mathieu 3, 16.

autres, le potentiel de sa propre nature et la possibilité de faire apparaître extérieurement la perfection dans son monde, son seul désir est d'être plus clairvoyant du côté mystique.

Il est assoiffé de la source de Vie et un espoir est né en lui, que lui aussi surmontera le mal et héritera de tous les biens ; que lui aussi sera conduit par l'Esprit, que l'ange du Seigneur viendra près de lui, et que la gloire du Seigneur brillera autour de lui.

Être plus clairvoyant du côté mystique, clairvoyant au point d'avoir à volonté les expériences mystiques d'ordre religieux, tel est maintenant son désir, et, à moins que, dans un moment de faiblesse, il ne soit subjugué par son incapacité apparente d'arriver à cet état mental, il doit réaliser que s'il existe quelqu'un qui puisse dire : « Il y a une frontière de mon esprit que ces vérités hantent », alors tous peuvent le dire. Si un seul est devenu mystique au point de « franchir toutes les barrières usuelles entre l'individu et l'absolu, » et « a pris conscience de cette fusion, de cette unité entre l'homme et Dieu », alors, *tous* peuvent être mystiques, et moissonner toutes les vérités qu'un tel état d'esprit peut produire. De plus, si quelqu'un a atteint cet état mystique, il est obligatoire pour chacun de nous de l'atteindre. Jésus-Christ, Saint Jean, Sainte Thérèse, Saint Jean de la Croix, et d'autres sans nombre sont les premiers fruits, et nous sommes tous destinés à être les seconds.

Ayant établi l'existence de la conscience mystique et notre obligation de la cultiver, il nous est maintenant dévolu de trouver une méthode pour développer le pouvoir mystique inhérent en nous.

Avant d'entrer cependant dans le développement de cette faculté spirituelle en vue de la découverte, de la compréhension, de la réalisation, et de la manifestation de la Vérité spirituelle, fortifions-nous davantage contre le découragement, en nous rendant compte que nous ne devons ni ne *pouvons* entrer dans cet état de conscience religieux par les moyens de « l'intellect fini (¹) ». Le mystique lui-même

---

1. Que ces états de conscience, qui produisent les vérités spirituelles, ne dépendent nullement de l'intellect fini, cela se démontre facilement par une comparaison de la conscience intellectuelle avec la conscience mystique. L'intellect fini base son autorité sur le témoignage des sens, mais les sens, dans les dispositions religieuses que nous

connaît ce fait. Il sait qu'il y a un état mental *au delà* de la raison finie, et que c'est seulement pendant qu'il est dans cet état que la connaissance de l'au-delà du fini arrivera jusqu'à lui (¹).

De plus le mystique réalise non seulement que l'instrument ou l'esprit de Christ par lesquels le suprasensible lui est révélé n'est pas « l'intellect fini », mais de nombreux mystiques sentent que ces deux soi-disant pouvoirs de connaître — l'esprit du Christ et les sens mortels, — sont antagonistes (²), au

considérons maintenant, sont inactifs. Dans ces états de conscience, le mystique le plus spirituellement élevé a l'impression d'avoir abandonné son corps; l'espace, le temps, et toutes les sensations sont anéantis et le sens des relations physiques est aboli.

1. « Dans l'oraison de l'union », dit Sainte Thérèse, « l'âme est complètement éveillée en ce qui regarde Dieu, mais tout endormie en ce qui regarde les choses de ce monde. Son intellect humain voudrait bien comprendre ce qui se passe en sa conscience, mais il a si peu de force maintenant qu'il ne peut agir en aucune façon... »

« Jésus répondit et lui dit : « En vérité, en vérité, je te « dis, si un homme ne naît de nouveau, il ne peut voir le « royaume de Dieu. » (Jean 3, 3.)

« Mais l'homme naturel ne comprend point les choses qui sont de l'Esprit de Dieu, car elles lui sont une folie, et il ne les peut entendre, parce que c'est spirituellement qu'on en juge. » (I Corinthiens 2 ; 14).

2. « Mais comme alors celui qui était né selon la chair

point que l'un *réduit l'autre au silence ;* les sens et l'intellect s'évanouissent « en la présence de l'Esprit plus élevé (1) ».

Dès lors, nous voyons que, quelle que soit la méthode que nous adoptions pour *développer notre pouvoir de découvrir, comprendre, réaliser, et manifester la Vérité,* une telle méthode ne sera pas dirigée vers un « intellect fini », mais sera concentrée sur une capacité spirituelle ; car, elle seule peut inclure la Vérité spirituelle et en devenir consciente.

Le développement de tout pouvoir est accompli par son exercice. A cette règle, la capacité en question n'offre pas d'exception. Et puisque, dans son ultime analyse, notre pouvoir spirituel est une capacité de découvrir et réaliser seulement la Vérité, un tel pouvoir sera exercé et ainsi développé en proportion

persécutait celui qui était né selon l'Esprit, il en est de même maintenant. » (Galates 4 ; 29.)

« Car la chair a des désirs contraires à ceux de l'Esprit et l'Esprit en a de contraires à ceux de la chair, et les deux sont opposés l'un à l'autre. » (Galates 5 ; 17.)

1. Dans la Conscience mystique, le « moi » le plus bas est perdu à mesure que le « moi » le plus haut apparaît. A mesure que les conditions de la conscience ordinaires sont supprimées, le sens d'une conscience essentielle et plus profonde, acquiert de l'intensité. »

de nos efforts pour la recherche de la Vérité et de notre absorption dans cette vérité ou réalité.

Essayons, dès lors, de trouver et de réaliser comme vraie la vérité concernant toutes choses, c'est-à-dire, les Vraies réponses à toutes les questions : questions sur Dieu, Sa nature, et Ses relations avec nous ; sur nous-mêmes et nos natures ; sur ce dont nous sommes faits et les lois auxquelles nous devons obéir. Essayons aussi de trouver les vraies réponses aux questions concernant les animaux, les fleurs et tous les objets du dehors. De quoi sont-ils faits, par quelles lois sont-ils gouvernés et quelle est la relation entre eux et Dieu et entre eux et nous ?

Cherchons à savoir ce que c'est que le mal, s'il doit exister ; et, sinon, comment nous pouvons nous débarrasser de sa soi-disant nécessité. Essayons de comprendre pourquoi nous devons bien agir et ce qui est bien ; pourquoi nous devons être heureux, beaux et doués et comment il est possible d'y arriver.

De tels problèmes, non encore résolus, courent comme un sous-courant à travers notre esprit, et, puisque leurs vraies réponses demandent une activité toujours nouvelle de la part de notre capacité de devenir conscients de la Vérité, nous chercherons à découvrir ces vérités et à nous en rendre compte, notre but étant de faire épanouir cette capacité dans toute son ampleur, par sa propre activité.

Beaucoup arrivent à cette activité et à cet épanouissement de l'esprit de Christ par la foi dans la vérité que Jésus-Christ, les disciples, et les saints ont révélée, bien que ces révélations soient étrangères à leur propre expérience. Et parvenir ainsi par un acte de foi est la plus simple, sinon la plus profonde méthode pour arriver aux expériences spirituelles et acquérir la connaissance qu'elles apportent. Mais, en notre temps il y en a beaucoup qui ne seront pas satisfaits de ce qu'une simple foi peut leur apporter et il y a aussi ceux auxquels la foi est refusée, car le fort développement scientifique, dans le sens matériel, a réduit au silence l'esprit qui tend à la foi dans le suprasensible.

Pour ceux-là nous devons aller plus loin, en leur montrant la route de l'expérience spirituelle. Et quoique, dans certains cœurs, la foi soit silencieuse; dans d'autres elle a grandi en une ardente prière pour la compréhension. Dès lors, s'il y en a qui semblent plus éloignés de l'état d'esprit qui conduit à Dieu que ne l'étaient nos ancêtres, il y en a aussi qui en sont plus près; car l'entendement, ou même le désir de comprendre Dieu, implique une plus grande réalisation de nous-mêmes comme Fils de Dieu que ne pourrait être une simple attitude de foi. Ceux dont la foi semble perdue, aussi bien que ceux dont la foi est remplacée par quelque chose de plus grand, doivent arriver à *comprendre*.

Mais qui peut nous enseigner la voie pour comprendre ? Nous avons besoin de technique. Beaucoup de mystiques entrent en ravissement sur des visions qui viennent à eux, sans être cherchées; mais leurs descriptions nous laissent froids, car nous n'avons pas de visions et ils ne peuvent nous dire comment les leurs se produisent. Une célèbre cantatrice reçut un jour la visite d'une élève qui n'arrivait pas à une respiration profonde et large. La question : comment respirer ? semblait à l'artiste au-dessous de sa considération. « C'est si facile » dit-elle, « les animaux eux-mêmes savent respirer. » Il est inutile de dire que l'élève ne fut pas aidée par la grande mais inconsciente artiste. Ce n'est pas du mystique inconscient dont nous avons le plus grand besoin, mais du mystique conscient des lois qui opèrent pour donner des résultats appropriés. — Et notre besoin a été secouru. — Les lois de pensées opérant dans nos vieilles croyances, et qui opéreront dans notre future compréhension spirituelle, ont été découvertes et nous pouvons saisir ces lois. C'est la joie réservée à ceux qui cherchent la *compréhension* de la Vérité, et la loi par laquelle l'homme peut la faire apparaître dans notre Monde, ici-bas.

Le premier pas qui doit être fait par ceux qui trouvent qu'il est nécessaire d'avoir recours à la technique du mysticisme spirituel, est la compréhension de la doctrine générale de l'Idéalisme.

1. Par « technique », nous voulons dire l'activité d'une façon spécifique de penser.

CHAPITRE VII

EXPOSITION GÉNÉRALE DE L'IDÉALISME

Dans leur plus simple forme et dans celle qui est commune aux doctrines de Kant, Fichte, Hegel, Berkeley, et des Scientistes Chrétiens, les vérités fondamentales de l'Idéalisme peuvent être exprimées de façons variées : « Le monde extérieur n'est qu'une masse d'idées vues du dehors. » « Notre monde est fait de la même substance que les idées. » « Les idées seules sont les réalités. » « Dans le monde de l'expérience il n'y a, à proprement parler, aucune substance matérielle perceptible. Le monde de l'expérience des sens est un monde d'idées avec leurs lois ([1]). »

[1]. « Que veux-je dire par espace ? Uniquement un vaste système d'idées que l'expérience et ma propre pensée

Deussen le démontre quand il nous dit :
« Non seulement les mouvements de mes membres, mais aussi les membres dont mon corps est composé, sont en eux-mêmes et intrinsèquement la Volonté. » Il dit encore : « Mon corps n'est que la Volonté elle-même sous une forme objectivée dans l'espace et dans le temps par la causalité ; et tous ces membres, la main, le pied, le cerveau, l'estomac, etc., sont l'objectivité des tendances variées de la volonté (1). » Et il définit la Volonté comme ce qui, véritablement, supporte

m'imposent... Et quand nous mettons notre monde dans l'espace et l'appelons le monde réel, nous pensons simplement une idée dans une autre idée. » Josiah Royce, *Esprit de la Philosophie moderne*, p. 358.

1. « Il n'y a pas d'être ou de fait en dehors de ce qui est communément appelé l'existence psychique, le sentiment, la pensée et la volition. » Bradley, *Apparence et Réalité.*

« La même chose qui s'élève dans ma conscience comme une sensation, une idée ou un sentiment, se manifesterait elle-même comme un processus physique dans mon corps. » Paulsen, *Emmanuel Kant*, p. 251.

« Les corps dans l'espace ne sont que des perceptions objectifiées... Le monde corporel est simplement la construction de la compréhension. » Paulsen, *Emmanuel Kant*, p. 141.

« La Science Chrétienne explique toute cause et tout effet comme mentals et non physiques. » *Science et Santé*, par Mary Baker Eddy.

toutes nos émotions intérieures, tous les désirs, les espoirs, les ardeurs, les luttes, les efforts, l'amour, la joie, le chagrin, etc., de quoi nous devenons entièrement conscients en exécutant extérieurement un mouvement de nos membres ou en expérimentant quelque influence sur notre corps (faim, soif, plaisir, douleur, etc.) (1). « Notre corps est précisé· ment cette volonté indivisée, telle qu'elle apparaît à travers les formes de notre intellect (2). »

Les soi-disant objets matériels, alors, étoiles, nuages, arbres, maisons, et même nos propres corps, ne sont pas faits d'une chose solide appelée matière. Ce monde extérieur, si le point de vue des Idéalistes est vrai, n'est pas ce que l'on pense généralement qu'il est, mais, de fait, est un monde de *pensées* qui nous apparaît matériel. Retirez ces pensées, et leurs projections matérielles (ce monde physique) n'apparaîtront plus.

Afin de rendre plus claire la façon dont l'idéaliste interprète les événements, disons l'histoire de *Pelléas et Mélisande*, de deux

---

1. DEUSSEN, *Éléments de Métaphysique*, p. 115.
2. DEUSSEN, *op. cit.*, p. 106.

façons. D'abord de la façon la plus populaire et la plus usuelle.

Golaud, en chassant dans la forêt rencontre une jeune fille éplorée au bord d'une fontaine, où elle a perdu sa couronne. Golaud épouse la mystérieuse Mélisande, quoiqu'il soit beaucoup plus âgé qu'elle. La maison où il la conduit est sombre et triste. La forêt est si sauvage et si remplie de vieux arbres que le Ciel est caché. En jouant avec son anneau de mariage, Mélisande le perd. Elle tombe amoureuse de Pelléas. Son mari tue Pelléas et blesse Mélisande, qui meurt quelques semaines après.

Une semblable description traite de ce qui advint *extérieurement*, de ce qui fut fait et comment les choses apparurent, plutôt que de ce qui fut senti et pensé. Cette façon de décrire une situation est peut-être la mieux connue de nous tous. Prenons un jour de notre propre vie : en le décrivant, nous parlons de ce que nous avons fait, de ce que nous avons vu, de ce que marquait le thermomètre, c'est-à-dire que nous nous arrêtons, en règle générale, aux traits extérieurs des événements du jour.

Mais il y a une autre façon de décrire les faits d'un jour.

Revenons à l'histoire de Mélisande, pour illustrer cette seconde manière. Il y a une certaine forme d'idéalisme qui enseigne que cette demi-lumière dans la maison de Mélisande n'est que le symbole de l'esprit à demi éveillé de Mélisande — la terrifiante forêt n'est que l'image de ses frayeurs intérieures — la perte de sa brillante couronne, n'est que le symbole de la perte de cette lumière intérieure qui lui fait discerner le juste de l'injuste, lui montre la voie pour vivre fidèlement, s'occuper du bonheur et du bien-être des autres. Suivant cet Idéalisme, Mélisande, Ophélie, les héroïnes des tragédies, ne sont pas des victimes de la destinée, car notre destinée est déterminée par notre état mental.

Cette dernière description se rapporte surtout à l'état mental de la situation ; et si nous devions décrire de la même façon un jour de notre vie, nous ne poserions pas le fait d'avoir eu un dîner, mais plutôt nous dirions : « Je désirais voir mes amis et, voulant leur être agréable, etc. » ; c'est-à-dire que nous décrivons les faits de ce jour, en disant ce que nous avons pensé et senti ; ce sont les *idées* dans la situation qui seraient considérées comme essentielles. Pour l'Idéaliste, *la pensée* est l'essence de tout ce qui nous apparaît. Ce monde d'apparences n'est que le moyen par lequel les pensées nous deviennent apparentes. Nos maisons, nos amis, nos vêtements, nos revenus, nos maladies, notre santé, nos relations, tout cela n'est que les apparences extérieures ou les projections de nos pensées. Tout ce qui nous apparaît, dit l'Idéaliste, un ami, un voyage, une guerre mondiale, n'est que la manifestation des processus de pensée qui font leur chemin dans la conscience et desquels nous sommes souvent inconscients.

On se trouve tenté de défier la réalité des pensées qui apparaissent sous la forme du monde matériel et font partie d'un monde d'une valeur si contestable, où le chagrin, l'insuccès, la maladie, la douleur, et la mort jouent une si large part.

La validité de chaque monde pensé dépend cependant de celui qui le pense. Ainsi on doit demander : « *Qui* pense ces pensées qui apparaissent comme le monde matériel ? » Kant répond : « Le monde extérieur que nous connaissons est, alors, le monde, non pas d'objets inanimés, mais des pensées humaines. » Kant a prouvé que les trois principaux piliers de la nature : le temps, l'espace, et la causalité, ne sont rien autre que les formes subjectives de notre intellect [1]. L'espace et le temps nous paraissent appartenir à ce qui est au dehors de nous, simplement parce qu'ils sont les conditions en nous de notre vue et de notre sensation des choses, qui sont les formes de notre sens fini. Il en est d'eux comme des lunettes colorées. Si quelqu'un porte des lunettes vertes, tout le monde lui semblera vert [2].

Le sens fini est la source du fini [3]. Ce sont les pensées du sens fini qui nous présentent le monde physique dans lequel nous semblons vivre. Ce sens fini correspond aux lunettes vertes qui font paraître le monde vert

1. DEUSSEN, *op. cit.*, p. 116 et 64.

2. Le mot « intellect » est employé dans le sens que Kant donne dans *le Moi empirique ou la Compréhension commune.*

3. ROYCE, *Esprit de la Philosophie moderne*, pp. 124-125.

à ceux qui les portent. Quand on réalise la signification de cet idéalisme, une porte s'ouvre dans l'esprit et on est peu à peu possédé du soupçon grandissant que peut-être en réalité il n'y a là, autour de nous, aucun monde physique. Peut-il être réellement vrai que ce que nous appelons la nature physique ne soit que le résultat de notre propre conception mentale? Nous commençons à voir ce que les philosophes veulent dire quand ils parlent des formes fantômes de l'espace, du temps et des sens, et qu'ils emploient des termes comme : « dans ce monde *fictif* de notre limitation et de notre ignorance. »

Notre sentiment de doute de la réalité du monde physique grandit; la nouvelle porte sur l'inconnu s'ouvre plus largement; des possibilités que l'on n'avait pas rêvées commencent à poindre, mais ne servent qu'à nous rendre plus perplexes. Nous craignons de faire un pas dans une direction quelconque. Et, vraiment, où nous poserons-nous ? Où irons-nous maintenant que nous n'avons plus le pied ferme sur le sol qui nous semblait si solide, si substantiel, et que nous n'avons pas encore une autre réalité qui apparaisse pour prendre sa place ? Mais, à moins que nous n'ayons le courage et la foi pour passer de l'autre côté de nos anciennes bornes, nous ne serons jamais capables d'entrer dans le monde réel, dans lequel seul, les problèmes de la vie trouvent leur solution.

CHAPITRE VIII

DEUX TYPES D'IDÉALISTES

Décidons-nous maintenant, dans un esprit de quête individuelle et de haute aventure, à poursuivre le nouveau sentier qui s'ouvre devant nous. Il peut sembler encombré de périls, mais il nous conduira vers des hauteurs d'où nous pourrons discerner plus de vérité. Pour obéir à cette résolution, regardons le monde physique comme étant constitué par un « sens fini », ses « activités finies », et leurs aspects ; et alors se présentera d'elle-même cette question : ce sens fini est-il seul responsable du monde physique ? C'est-à-dire, le monde matériel n'existe-t-il pas du tout, en dehors de cet intellect fini, ce soi-disant esprit ? En réponse à cette question certains types d'idéalistes nous assureraient que les

« activités mentales » qui sont derrière le monde matériel sont pensées aussi par l'Esprit divin, sont en Esprit. Ainsi, par exemple, lorsque Berkeley dit : « A qui appartient le langage que je lis dans le monde qui est devant moi ? A qui sont ces idées dont l'expérience m'impressionne ? Ne sont-elles pas les idées de Dieu ? N'est-ce pas son langage que je lis dans la nature (1) ? »

Il y a cependant, un autre type d'idéaliste, le Scientiste Chrétien en est un exemple. Ces idéalistes spirituels accordent aussi que ce qui est appelé le monde matériel est, en son essence, une conception du fini, soi-disant sens, mais d'autre part, ils maintiennent que

---

1. « Après tout, alors, est-ce que cela priverait le monde qui m'entoure de réalité, et même, est-ce que cela ne préserverait pas et n'assurerait pas plutôt la réalité et le caractère connaissable de mon monde d'expériences, si je disais que ce monde, tel qu'il existe en dehors de mon esprit, et de n'importe quel autre esprit humain, existe dans et pour un esprit-type, un esprit universel, dont le système d'idées constitue simplement le monde ?... Si maintenant l'esprit-type sait que son feu Idéal a la propriété de brûler ceux qui le touchent, et si moi, dans mon infinité, je suis tenu de me conformer dans mes expériences aux pensées de cet esprit-type, alors, dans le cas où je toucherai ce feu, j'aurai certainement l'idée d'une brûlure. » JOSIAH ROYCE, *Esprit de la Philosophie moderne*, p. 361.

Dieu ne peut pas posséder un « esprit fini » ou penser des «pensées finies», et qu'Il ne pourrait pas non plus accepter de nous une pensée « *finie* » comme une réponse *juste* à aucune question ([1]).

Dès lors, quand ils assurent que les pensées, soulignant les apparences matérielles sont finies, ils veulent dire que la source de telles pensées est entièrement dans le cercle matériel fini ([2]).

L'idéalisme en général nous dit que le monde « physique, fini », est un monde fait « d'activités mentales ». Mais l'Idéalisme spirituel nous révèle quelque chose de plus, c'est-à-dire que le monde est fait uniquement de « processus et de pensées matérielles finies ». Dès lors, de son point de vue, si nous désirons nous échapper de la cage désolée où nous sommes jetés par le « monde physique fini », nous savons que ce n'est pas seulement à des processus mentaux et à des pensées que nous

1. Voyez les notes sur le Monde Réel.

2. « L'espace et le temps... sont des conditions nécessaires de toute nature physique. Et maintenant on peut trouver ainsi que l'espace et le temps sont sans réalité en dehors de nos esprits. » ROYCE, *Esprit de la Philosophie moderne*, p. 124.

avons affaire, mais à des « pensées finies » et à des « processus mentaux finis », qui ont les uns et les autres l'aspect physique, matériel, et qui ont apparemment leur source dans une « mentalité finie ».

Le fait que la douleur et la privation, la maladie et le péché sont « des activités mentales, finies » avec leurs aspects matériels, ne nous retiendra pas d'avoir ces activités et pensées et d'être ainsi tristes, pauvres, malades, et pécheurs. Le fait que de telles pensées sont le produit de l'intellect fini ne nous offrira pas non plus en lui-même une échappatoire. Cependant, si ces « activités finies » *ne sont pas les activités* de Dieu, c'est alors qu'on peut atteindre une *autre* réalité : Sa Réalité, et que, à la lumière de cette dernière, le « sens fini » et ses « activités finies » et leurs aspects matériels seront reconnus irréels : la voie de salut, alors, est nette.

Mais comment l'Idéaliste spirituel, peut-il espérer nous prouver que la réalité de Dieu est une autre réalité telle, et que ce « sens fini », dès lors, n'est pas un esprit réel ? Et que les notions qu'il nous donne ne correspondent pas à la réalité ? Car même s'il était vrai que cette nature physique n'est, comme ils le disent, « qu'une conception de moi » et « nullement un fait extérieur » et ainsi sans aucun sens matériel, on ne parlerait pas du tout des corps et de leurs réalités : pourquoi cela nous donnerait-il l'espoir que ce monde physique est une illusion? Pourquoi le fait seul de penser une chose avec le cerveau, ne lui donne-t-il pas de réalité? Pourquoi faut-il qu'une chose soit pensée *en dehors* du « sens fini » pour qu'elle soit réelle? Mais même s'il le faut, pourquoi ce sens ne pense-t-il pas les choses comme elles sont pensées en dehors de nous, pourquoi ne nous est-il pas donné, sinon pour créer, du moins pour voir les choses telles qu'elles sont créées? Pourquoi ne pas aller plus loin et, au lieu d'employer le terme « sens fini », pourquoi ne pas l'appeler « Dieu nous parlant dans le langage des sens », ainsi que le fait Berkeley ; ou, dans le langage de l'idéaliste constructif, pourquoi ne sont-elles pas, ces « idées intellectuelles, au moins, une partie de ce système d'idées qui est contenu dans l'Esprit universel, et par conséquent est un aspect de la réalité? » Ou, pour prendre les choses autrement, suppo-

sons que « l'intellect fini » soit dépourvu de
tout organe de compréhension et de conception pour le spirituel : pourquoi, sur ce terrain, discuter ses communications? Il y a
plus : puisqu'il ne peut pas nous parler d'un
monde où lui-même et ses communications
sont superflus, pourquoi cela n'est-il pas en
soi une preuve suffisante qu'un tel monde
n'existe pas ?

En dépit, cependant, de tout ce plausible
plaidoyer de la part de « l'intellect ou
sens fini », nos cœurs aspirent encore, disent les Idéalistes Spirituels, à une Réalité
qui, par sa nature, *exclut* « le fini, le physique ».

Mais un simple désir justifie-t-il la conclusion de Deussen disant que « puisque le
temps et l'espace ne sont que des fonctions
engendrées dans l'intellect, ils ne sont pas des
vérités extérieures »; ou, est-elle justifiée en
proclamant avec Kant que nous avons « fait
de la place pour un autre ordre d'idées » quand
nous avons démontré, une fois, que cet espace, ce temps et cette causalité ne sont que
des formes subjectives de *notre* perception.

Non, un simple désir ne peut nous emporter aussi loin ; mais — et ici se trouve la fin de toutes nos questions — ces Idéalistes Spirituels entendent une voix et cette voix n'est pas celle de « l'esprit fini ». De plus, cette voix est plus qu'un désir. Elle parle en détails d'un ordre et indique comment y atteindre ; et cet ordre n'est pas l'ordre physique et il contredit les prétentions de ce dernier (¹²).

C'est dans un tel entendement et dans une semblable vue que réside notre espoir d'échapper à ce monde physique et à tout cet ordre

1. Kant voulait trouver l'être vrai et le monde réel, et en 1770 il fit une nouvelle tentative pour découvrir la méthode permettant de trouver ce monde réel (*mundus intelligibilis*). Cette tentative aboutit à cette conviction, que « au moyen des purs concepts de l'entendement il est possible d'atteindre une réalité purement intelligible, c'est-à-dire affranchie des conditions de la sensibilité. » PAULSEN, *Doctrine de Kant*, p. 283.

On accorde trop peu de crédit à Kant pour sa conception du monde réel et de l'homme ou du « vrai moi ».

2. Le fondateur de la Science Chrétienne s'occupait aussi de la réalité au delà du « monde physique fini ». Sa compréhension spirituelle ou intuitive alla jusqu'à trouver et établir des lois de connaissance ou de pensée par lesquelles chacun de nous peut volontairement développer sa conscience du Réel, et, en proportion avec son épanouissement, faire paraître le réel dans sa vie quotidienne.

fini des choses. Quand cette voix divine se faisait sentir elle-même, seulement comme un désir, nous écoutions encore la voix de la mentalité physique et nous lui permettions de nous dicter ses soi-disant lois. Mais la Voix divine ou consciente a parlé maintenant en termes incontestables à l'Idéalisme Spirituel. Il est maintenant convaincu que la conscience spirituelle possède l'autorité. Il voit que ce n'est que lorsqu'elle s'éveille et se développe complètement qu'il est capable de découvrir, de comprendre, de réaliser, et de manifester ces vérités que ne peut sonder « l'intellect fini », qui sont inconnues aux « sentiments finis » et qui le sauveront de l'un et des autres.

Ceux qui débutent dans l'étude de l'Idéalisme pour s'échapper du « monde fini » peuvent se réjouir de ce que, dès le début de nos études, nous pourrons être conduits par un type d'Idéaliste qui nie que Dieu soit l'auteur du « temporel ». Ceci est le premier pas dans la vraie direction Suivons. maintenant le sentier de la pensée de ces Idéalistes mystiques ou spirituels, et faisons-le nôtre. Il est mystique, mais non mystérieux. Arrivés à la compréhension de la vérité pour eux-mêmes, ils peuvent nous donner ce que nous sommes capables de comprendre.

Leur « voie » est montrée en détails dans les trois chapitres suivants.

III

L'IDÉALISTE SPIRITUEL

CHAPITRE IX

LA VOIE DE L'IDÉALISTE SPIRITUEL
LA VOIE DU CHRIST

L'Idéalisme spirituel, dans son plus haut développement, définit le Réel, et nous enseigne à nous en servir et à le manifester. Il définit aussi le Mal. Il a découvert à nouveau, et formule les lois qui ont pour effet de vaincre le Mal aussi bien que de maintenir le Bien.

I. — L'HOMME RÉEL.

Dès que l'Idéaliste spirituel nous a indiqué la présence, en chacun de nous, d'une Conscience Spirituelle, en laquelle le savoir divin, l'amour divin et l'expression divine sont actifs, il proclame que ceci est cette nature que saint Paul appelle « l'Esprit du Christ »,

ce même esprit qui opère dans toutes les ex-
tases des intuitifs spirituels, dont la fondatrice de la Science Chrétienne a fait une
opération consciente et efficace, et dont Jésus-
Christ est la suprême personnification. Quand
l'Idéaliste spirituel a, de cette façon, mis en
relief cette activité de l'Esprit du Christ, il
l'appelle « l'activité de l'homme réel. » Nous
pouvons caractériser un homme de cette sorte
de la façon suivante : il est un membre de
l'ordre suprasensible. Son origine est Dieu
Esprit. Il est une conscience individuelle spirituelle, qui est une capacité de compréhension, de réalisation et de manifestations de
lui-même et de ces processus divins reflétés en
lui, et cette puissance est toujours en mouvement, à n'importe quel moment ; la vérité
nécessaire est expérimentée par Dieu dans
la conscience individuelle et spirituelle, et il
a tout pouvoir et toute liberté de réaliser et
de manifester cette vérité dont il devient conscient. Ainsi tous ses besoins sont satisfaits.
Il devient sans cesse de plus en plus conscient
de l'Esprit et des idées de l'Esprit, et il manifeste cette conscience qui va toujours se dé-
veloppant. Il ne voit pas les choses par les

sens matériels ; sa perception est spirituelle. Étant une idée de Dieu, il est nécessairement un être moral ; il est engagé dans la voie la plus droite et la meilleure ; il a bonne volonté ; il a conscience du devoir, de la beauté et de la justice. Il existe en dehors du temps et de l'espace, et il est une pure réflexion de l'Esprit ; il est dès lors libre du mécanisme du soi-disant univers physique et de ses prétendues lois.

2. — Jésus-Christ représente l'homme réel.

Mais l'idéaliste spirituel ne doit pas se contenter du simple idéal de ce que devait être l'homme réel. Jésus renaquit et ce fut de l'Esprit, et il put voir le Royaume des Cieux, (Jean 3, 3-5). Par la réalisation de son vrai Moi, l'homme réel apparut dans cette espèce et fut reconnu par le sens intime éclairé, comme le Fils de Dieu (Mathieu 16, 16) ; comme étant sans péché (Hébreux 4, 15) ;

1. « Le mystère, le miracle, le péché et la mort disparaîtront quand on comprendra complètement que l'Esprit Divin contrôle l'homme et que l'homme n'a d'autre Esprit que Dieu. MARY BAKER EDDY. *Science et Santé,* p. 319.

comme ayant la Vie en lui comme le Père l'avait (Jean 5, 26). Et quoiqu'il ne pût rien faire de lui-même (Jean 5 : 19 et 30), il pouvait faire toute chose que fait le Père (Jean 5, 19), car en Lui demeure toute la plénitude de la Divinité (Colossiens 2, 9). Jésus-Christ était l'expression de la loi et de la nature divine; il avait conquis le monde (Jean 16, 33), et il n'était plus dans le monde (Jean 17, 11). Il avait pouvoir sur la chair et pouvait donner la Vie éternelle aux autres (Jean 17, 2). Il avait la Vérité en lui (Jean 1, 17), et la Vie éternelle (Jean 15, 6).

3.. — DANS SA NATURE RÉELLE CHACUN DE NOUS EST UN FILS DE DIEU.

Désirant nous révéler la vraie nature de l'homme, et par conséquent de chacun de nous, Jésus-Christ a rendu claire la signification de « Fils de Dieu »; « Moi et mon Père nous sommes un », c'est-à-dire un en Conscience. L'Esprit reproduit et représente Son savoir, Son amour, Son action dans chaque conscience individuelle spirituelle en qualité, non en quantité. En d'autres termes, *chaque conscience individuelle spirituelle dans laquelle Dieu connaît, aime et agit, est un fils de Dieu.* Alors avec quel irrésistible élan, avec quelle persuasion tendre et aimante, Il a essayé de nous convaincre que « Fils de Dieu » n'était pas un terme exclusivement appliqué à Lui-même, mais était un nom pour la Réelle nature de chacun de nous, pour cet « esprit de l'Esprit » que le Père nous a donné et que Paul a appelé « le Christ en vous ». (Colossiens 1,27). Et craignant d'avoir failli dans ce qui paraissait si près de Son cœur, Il en parla avec Ses disciples avant de s'en aller (¹). Paul savait que « autant sont con-

1. « Il y a plusieurs demeures dans la maison de mon Père : si cela n'était pas, je vous l'aurais dit, je vais vous préparer une place... Et le lieu où je vais, vous en savez le chemin. » (Jean 14 ; 2, 3, 4.)

« En vérité, en vérité, je vous le dis : Celui qui croit en moi fera aussi les œuvres que je fais, et il en fera même de plus grandes, parce que je vais au Père. » (Jean 14 ; 12.)

« Je ne vous laisserai pas orphelins : je viens à vous. »

« Encore un peu de temps et le monde ne me verra plus, mais vous me verrez ; parce que je vis, vous vivrez aussi. »

« En ce jour-là, vous connaîtrez que je suis en mon Père, que vous êtes en moi et que je suis en vous. » (Jean 14, 18, 19, 20.)

« Je ne vous appellerai plus serviteurs, parce que le ser-

duits par l'esprit de Dieu autant sont fils de Dieu »; « que nous sommes des enfants de Dieu », et cohéritiers du Christ (Romains 8, 1-2); et que Dieu nous a donné cette divine nature qui ne peut ni changer ni mourir (I Jean 5, 11-12), ni pécher (I Jean 5, 18). Nous demeurons en Lui et Lui en nous (¹) parce qu'il nous a donné son Esprit (I Jean 4 : 13).

La possession de la « nature du Christ » signifie que les activités spirituelles constituent notre vraie personnalité ou Moi ; dès lors, comme tels, nous pouvons comprendre et réaliser les vérités que Jésus-Christ comprenait et réalisait, et dès lors nous avons le même travail à faire et nous reflétons le même pouvoir de le faire qu'il manifestait. (Jean, chap. XIV, XV, XVI, XVII.)

____

viteur ne sait pas ce que fait son maître ; mais je vous ai fait connaître tout ce que j'ai entendu de mon Père. » (Jean 15 ; 15.)

1. L'Idéaliste spirituel interprète ce passage comme signifiant que nous sommes en Dieu de la même façon que les Idées doivent être dans l'Esprit qui les pense ; tandis que « Il est en nous » signifie qu'il sait, aime et agit en nous.

4. — CHAQUE INDIVIDU DOIT RÉALISER LE CHRIST EN LUI. PROGRÈS FAITS DANS CETTE RÉALISATION PAR L'IDÉALISTE SPIRITUEL.

L'Idéaliste spirituel est déjà arrivé au point où il réalise que chaque Fils de Dieu appartient à un monde au-dessus des sens, et une telle connaissance *implique une distinction* entre le « vrai Moi » et la personnalité mortelle et sensuelle. Il réalise jusqu'à un certain point la valeur du spirituel et regarde le corps physique comme nécessairement allié au sensuel et ainsi en désaccord avec la vie pure et spirituelle. Il réalise que les lois réelles ne sont pas basées sur « la matière et ses changements », pas plus que sur cette « mentalité » qui plaide pour la vérité de cette « matière et ses changements ».

L'Idéaliste spirituel a une conception de l'Infini, de l'Absolu, de Dieu. Il pense que Dieu et ses manifestations sont la Somme totale de la Réalité ; qu'Il est une Conscience Spirituelle universelle ou Esprit Pur, qu'Il est la Vie. L'Idéaliste spirituel réalise, jusqu'à un certain point, sa liberté sous le gouvernement de la divine loi. Dans la mesure où il fait tout cela, il contredit le fini, et tend au delà de toute limite arbitraire. Il ne cède pas à l'ordre des choses telles qu'elles apparaissent dans le monde extérieur, mais agit avec une spontanéité spirituelle, et détermine sa propre voie. S'affirmant en opposition avec les règles du sens matériel, il obéit à la loi spirituelle ; et ainsi, mais dans une moindre mesure, il fait apparaître le « Fils de Dieu », comme le faisait Jésus-Christ lui-même.

5. — « DIEU LE PÈRE », VRAIE SOURCE DE SES FILS.

Un fils de Dieu n'est pas à lui-même sa source : Dieu est sa Source (¹). Jésus-Christ en réfère toujours au Père d'où il est issu. « Je suis issu du Père, et je suis venu dans le monde… » (Jean, XVI ; 28). Aussi les expériences les plus hautes des idéalistes spirituels sont-elles celles qui n'ont aucun sentiment d'égoïsme, de « Moi », Dieu étant le tout en

1. « Il (Dieu) détermine la réalité par Sa pensée. » PAUL-SEN, *Doctrine de Kant*, p. 151.

« Dieu crée et gouverne l'univers y compris l'homme. L'univers est rempli d'idées spirituelles qu'Il fait évoluer, et elles obéissent à l'Esprit qui les a faites. » MARY BAKER EDDY, *Science et Santé*, p. 295.

tout. A la lumière de ces expériences, l'Idéaliste spirituel, le fils de Dieu, sait que Dieu est l'Esprit qui agit en lui. C'est une conscience individuelle spirituelle, une activité d'Esprit et en Esprit. Dieu est uniquement la source de l'être vrai (¹). Alors, pour les plus hauts mystiques idéalistes et pour Jésus-Christ lui-même, le plus grand d'entre eux tous, il y a seulement un Esprit indépendant, et c'est Dieu. Ce que d'après Paul nous appelons « l'Esprit du Christ » est l'activité de l'Esprit divin individualisée et représentée dans une conscience spirituelle individuelle.

6. — LE DIEU DE L'IDÉALISTE SPIRITUEL.

Pouvons-nous avoir une conception vraie de ce Dieu dont nous sommes issus, et en qui « nous avons la vie, le mouvement et l'être (Actes des Apôtres 17,28), » qui est notre Père et le Père de Jésus-Christ (Jean 20,17) et

---

1. « Dieu est le principe supermondial par les moyens duquel la « nature des choses », les idées existantes ou choses en elles-mêmes, sont affirmées. Évidemment, ceci ne renferme pas les corps, qui ne sont rien autre que la représentation des choses dans notre sens de perception. Ce que Dieu crée, c'est le monde intelligible, le monde de *noumena.* » PAULSEN, *Emmanuel Kant,* p. 262.

ainsi savoir plus sur nous-mêmes et sur toutes choses ?

Nous le pouvons, dit l'Idéaliste spirituel, parce qu'un esprit individuel de Christ est nous-même et implique la compréhension de Dieu (I Jean 5,20). Jésus-Christ dit : « Celui qui m'a vu, a vu le Père (Jean 15 : 9). » L'Idéaliste spirituel traduit les paroles du Christ dans les termes de l'Esprit et de Ses idées. Jésus cria et dit : « Qui croit en moi, ne croit pas en moi, mais en Celui qui m'a envoyé. (Jean 12,44). » « Si vous me connaissez, vous connaîtrez aussi mon Père ; et dès à présent vous le connaissez, et vous l'avez vu (Jean 14,7) [1]. » Jean nous dit que Dieu a la vie en Lui-même, que Dieu est amour (I Jean 4, 8); qu'il est un Esprit (Jean 4, 24); et que l'Esprit est la Vérité (I Jean 5 : 6); que Dieu est lumière et qu'il n'y a point en lui de ténèbres (I Jean 1, 5).

1. « Nulle compréhension discursive comme la compréhension humaine n'est attribuable à Dieu, puisqu'Il n'a pas de sens de perception qui Lui permette de percevoir les objets, mais seulement une compréhension intuitive qui affirme les choses par les moyens de Sa Pensée. » PAULSEN, *Emmanuel Kant*, p. 267.

7. — LE MONDE RÉEL AUQUEL APPARTIENT L'HOMME RÉEL.

Il y a un ordre du monde réel auquel l'homme réel appartient. Il est composé de toutes les activités spirituelles de l'Esprit Divin. Ce monde Réel est défini comme indépendant du « monde du sens physique » ainsi que de ses « phénomènes naturels » gouvernés par la « loi naturelle ». Le Mystique qui est né à nouveau voit le monde réel, spirituel, mais non pas avec ses yeux ; il l'entend, mais non avec ses oreilles, il sait ce qu'il est, mais n'est pas redevable à la « raison finie » de la vision, que, néanmoins, il croit être vraie. Il y voit les êtres individuels, ayant des formes et des couleurs, mais ne voit pas d'objets matériels. Son monde réel ne contient ni douleur, ni péché, ni mal, et tous les besoins y sont satisfaits. Si ce Mystique essaie de peindre la beauté de son monde réel, la cité mystique de Tennyson, « qui ne contient rien, à l'exception du Roi » le « Roi qui ne pouvait pas supporter un mensonge », perce à travers le brouillard. Avec Gareth et ses amis, il voit par moments briller le sommet de la haute cité, par moments ses flèches et ses tourelles, et entend l'harmonie suivant laquelle elle est construite. Puis, il semble sur le point de franchir la grande grille, et, brusquement, toute la belle cité s'évanouit.

La description de saint Jean pour la Céleste Jérusalem lui revient aussi à la mémoire.

« Et je vis un ciel nouveau et une terre nouvelle : car le premier ciel et la première terre avaient disparu ; et la mer n'était plus. »

« Et je vis la sainte cité, la nouvelle Jérusalem, qui descendait du ciel, d'auprès de Dieu, prête comme une épouse parée pour son époux. »

« Et j'entendis une grande voix qui venait du trône, et qui disait : « Voici le tabernacle de Dieu avec les hommes et il habitera avec eux ; ils seront Son peuple, et Dieu lui-même sera avec eux. »

« Il essuiera toutes larmes de leurs yeux ; et la mort ne sera plus ; et il n'y aura plus, ni deuil, ni cri, ni peine, car ce qui était auparavant a disparu » (Révélations 21 : 1-4).

« Et ils verront Sa face, et Son nom sera écrit sur leurs fronts. »

« Et la nuit ne sera plus, et on n'aura besoin ni de la lumière d'une lampe, ni de la lumière du soleil ; parce que le Seigneur Dieu les éclairera ; et ils régneront aux siècles des siècles. »

« C'est moi, Jean, qui vis et entendis ces choses. Et après les avoir entendues et vues, je me jetai aux pieds de l'ange qui me les montrait pour l'adorer (¹). » (Révélations 22 : 4, 5, 8.)

8. — POUVOIR DE CHAQUE CONSCIENCE INDIVIDUELLE SPIRITUELLE DE RENDRE MANIFESTE LE MONDE RÉEL, ICI-BAS ET DÈS MAINTENANT.

Avant que l'idéaliste sprituel commence à conduire nos pensées hors des vieux sentiers vers les nouveaux, il expose clairement qu'il y a une voie divine, spirituelle, par laquelle les pensées nous viennent et dès lors, autre que celle des « sens physiques » et du « cerveau », et de « l'intellect fini ». Ceci n'est pas

---

1. « Le Réel lui-même est une nature idéale. Le monde intelligible est un système d'idées concrètes. Il est ainsi pensé par la science intuitive avec la compréhension absolue. » PAULSEN, *Emmanuel Kant*, p. 248.

« L'espace et le temps ne sont que des formes de notre

un nouveau fait pour la plupart d'entre nous ;
et notre étude des expériences mystiques,
chapitre V, nous a révélé à nouveau le pouvoir de l'homme à comprendre et réaliser ces
activités que Dieu lui-même individualise et
représente en lui : dans la conscience spirituelle. Mais l'Idéaliste spirituel veut que nous
considérions longuement ce pouvoir divin,
inhérent à chaque conscience spirituelle,
possession spirituelle distincte du fini, de peur
qu'il nous arrive de fermer les yeux à son
existence ainsi qu'à l'inappréciable valeur de
sa possession par nous. Ainsi l'Idéaliste spirituel veut nous faire voir que chacun de
nous est une « conscience de Christ », dans
laquelle Dieu individualise et représente chacune de ses différentes sortes de fonctions

sens de perception et comme tels appartiennent au monde
sensible. Par conséquent le monde réel est libéré d'eux. »
PAULSEN, *Emmanuel Kant*, p. 159.

« La pensée sera finalement comprise et vue dans toutes
les formes, substances et couleurs, mais sans accompa-
gnement matériel. » MARY BAKER EDDY, *Science et Santé*,
p. 310.

« L'univers de l'Esprit est peuplé d'êtres spirituels. »
MARY BAKER EDDY, *Science et Santé*, p. 264.

« L'Esprit et ses formations sont les seules réalités de
l'Être. La matière disparaît sous le microscope de l'Esprit.
MARY BAKER EDDY, *Science et Santé*, p. 264.

spirituelles et les idées qui y sont incluses. Par conséquent, l'Esprit Infini est spirituellement accessible à chacun de nous. Nous avons seulement à mettre en activité le pouvoir que nous possédons de découvrir, comprendre et réaliser ce que Dieu opère dans notre conscience spirituelle à un moment donné, afin de devenir conscients de la Vérité qu'Il veut nous faire connaître et nous manifester à ce moment.

Alors l'Idéaliste spirituel nous conduit en dehors du royaume du mystère, dans le royaume de la compréhension spirituelle. Cela signifie, pour notre part, conscience de la vérité, amour et mise en expression ou vigueur de ce dont nous avons conscience.

Quoique Jésus ait expliqué que la Vérité nous rendrait libres, et bien que nous ayons un terrible besoin d'un remède contre le Mal, nous n'avons cependant pas encore considéré la compréhension et la réalisation de la Vérité, comme un devoir, mais nous avons toujours été satisfaits du mystère d'un royaume dans lequel nous n'avons pas essayé d'entrer ; ou bien, ayant l'intention de gagner le savoir, nous nous sommes condamnés à la faillite en perdant de vue le fait, indiqué dans la Bible et enseigné par Kant et les Scientistes Chrétiens, que le pouvoir de découvrir, comprendre et réaliser la Vérité est un pouvoir spirituel, inhérent seulement à l'homme réel, c'est-à-dire à la Conscience spirituelle.

Mais pourquoi Jésus et les autres Idéalistes spirituels affirment-ils que c'est notre devoir de comprendre et de réaliser les divines activités qui constituent chacun de nous ? Pourquoi n'est-il pas suffisant pour Dieu d'éprouver cette perfection : la conscience spirituelle et son divin contenu ?

Parce que l'homme réel, — la conscience spirituelle, ainsi que les fonctions et les idées divines reflétées en elles, — doivent apparaître extérieurement, ici-bas et dès maintenant, et une telle manifestation suit seulement en proportion de l'obéissance de l'homme à une loi de psychologie spirituelle qui nous a été révélée. C'est-à-dire que, dans la proportion où la conscience spirituelle se réalise elle-même et réalise la connaissance, l'amour et l'expression des idées vraies que Dieu reflète en elle, elle sera capable de se manifester et de les manifester extérieurement dàns notre vie quotidienne.

Dès lors, chacun de nous a deux choses à faire : 1° devenir conscient des activités de Dieu qui le constituent lui-même ; 2° manifester ses activités ici-bas et dès maintenant.

Par exemple : nous entendons chanter un chant en nous ; jusque-là nous n'avons fait aucun effort sinon d'écouter, puisque nous ne créons pas ce chant : Dieu le chante en nous. Mais il n'est pas suffisant pour Dieu de chanter ce chant en nous, puisque son but est de faire apparaître ici sa perfection sous une forme extérieure. Il n'est donc satisfait que quand « *nous chantons* » ce chant. A cette fin, nous devons comprendre et réaliser la vraie nature de ce processus appelé « chanter », ainsi que le chant lui-même ; et dans la proportion où nous comprenons et réalisons ceci, nous les manifesterons l'un et l'autre sous la forme de la conscience individuelle.

En résumé, la fonction de chaque homme est la suivante : être, par une réalisation de sa perfection intérieure existante, l'instrument par lequel Dieu fait apparaître Sa perfection, extérieurement ici-bas et dès maintenant, dans une infinie variété de formes individuelles.

En termes plus simples : tous les actes de l'homme, toute la journée, ne sont que les images des processus de pensée qui sont actifs en lui et ce sont ces images que font les hommes qui forment le monde extérieur qui nous environne.

L'activité intérieure, dans le cœur et l'esprit de chaque homme, est l'activité de Dieu. Par exemple : si nous sentons l'amour surgir dans notre cœur, c'est l'œuvre de Dieu, c'est Dieu qui aime, cette activité est Sienne. Quand nous prenons soudain conscience de la connaissance d'une nouvelle idée, c'est l'œuvre de Dieu, c'est son activité que nous sentons en nous. C'est Lui qui connaît cette idée dans notre esprit.

Dieu, par conséquent, est entièrement responsable des processus de pensée qu'Il reflète en nous. Ces processus intérieurs sont dès lors parfaits et s'opèrent sans aucun effort de la part de l'homme lui-même. Mais l'homme est responsable des images extérieures de cette activité intérieure de Dieu : c'est-à-dire, l'homme est responsable, ici-bas et dès maintenant, de ce monde extérieur. Pourquoi ceci n'est-il pas un fardeau qui nous est injustement opposé ?

Parce que l'homme est équipé pour découvrir, comprendre et réaliser la parfaite activité de Dieu qui se produit en dedans de lui-même et qui constitue le contenu de sa conscience spirituelle. L'homme peut et doit l'écouter, comme si c'était un chant, et en tant qu'il écoute, il percevra l'activité telle qu'elle est, et comme résultat, les images qui apparaîtront seront parfaites en proportion : car ce que nous entendons, nous pouvons et nous devons l'exprimer. Nous avons donc le pouvoir de manifester ici-bas et dès maintenant le monde réel, le Royaume des Cieux. Dieu nous confie tout ce qu'Il possède. Il nous le donne pour que nous en fassions don : pour que nous le fassions apparaître aux autres.

N'oublions pas que nos « corps physiques » sont une partie de ce monde des apparences extérieures. Ils sont nos images de l'activité de Dieu. Si un corps matériel malade apparaît, cela signifie simplement que nous avons fait une image imparfaite de quelque chose de parfait. Que pouvons-nous pour faire apparaître, ici-bas et dès maintenant, le corps parfait qui existe ?

Nous pouvons apprendre ce qu'est la nature du Christ, comprenant sa représentation, son apparence réelle, et, dans la mesure où nous comprenons et réalisons ce que sont cette nature et cette apparence divines qui sont nôtres, elle apparaîtra ici-bas et dès maintenant, extérieurement, sous sa forme parfaite.

Ce qui différencie le Mystique pratique des autres, c'est précisément ce sentiment de l'obligation de faire apparaître extérieurement, ici-bas et dès maintenant, ce monde intérieur parfait qui est clair et réel pour la vision intérieure de l'un et des autres.

CHAPITRE X

NATURE DE L'IRRÉALITÉ, TELLE QU'ELLE EST CONÇUE PAR L'IDÉALISTE SPIRITUEL

L'aperçu précédent de la Réalité, ainsi que le comprend l'Idéaliste spirituel, révélera à quiconque y réfléchit, ne fût-ce qu'occasionnellement, que sa définition de la Réalité — en tant qu'Esprit Pur avec Ses Fonctions et Ses Idées — exclue tout l'ordre matériel soit physique, soit mental. Pour le véritable idéaliste spirituel, cette exclusion est inévitable, étant donné que l'Esprit Pur contient seulement des activités mentales, et celles-ci d'une espèce particulière, car l'Esprit Pur, étant défini comme spirituel et infini, ne peut connaître, aimer et exprimer que d'une façon infinie et spirituelle et, par conséquent que des activités de pensées spirituelles et infinies. Ceci est clairement vu par ces Idéalistes spirituels aussitôt qu'ils se sont laissé absorber dans la vision céleste. Pour eux, Dieu, l'Esprit Pur, ne peut pas être « un artiste, un poète qui verse les richesses de Sa belle vie dans le monde des sens *physiques* », car leurs expériences spirituelles personnelles leur révèlent l'impossibilité d'attribuer à la conscience spirituelle aucune « activité matérielle (1) ». Ainsi, en termes vulgaires, le mystique réduit l'univers à deux esprits isolés, le matériel et le spirituel, chacun d'eux ayant son propre royaume de pensées avec ses apparences particulières. Ces deux royaumes s'excluent mutuellement et, par leurs natures, sont indépendants l'un de l'autre (2).

Mais que signifie une telle réduction ? Elle

1. Les propriétés de la matière et du changement, de même que l'espace et le temps, appartiennent simplement au phénomène, tandis que la pensée qui construit l'idée de Dieu et de l'immortalité est protégée contre les « insinuations de la perception des sens ». PAULSEN, *Emmanuel Kant*, p. 159.

2. « Rien n'est réel et éternel, — rien n'est Esprit, — si ce n'est Dieu et Son Idée. » *Science et Santé*, p. 71.

« La matière est une erreur d'interprétation. » *Science et Santé*, p. 277.

« Il n'y a pas d'esprit mortel... La vie et l'être sont en Dieu. » *Science et Santé*, p. 103.

signifie que les « lois physiques » de « l'ordre fini et matériel » sont sans valeur dans l'ordre spirituel ; que « la matière, » la « substance du royaume matériel », n'est pas la substance du royaume spirituel ; que les idées du royaume spirituel sont opposées aux idées du royaume matériel ; que ces deux systèmes, dès lors, ne peuvent agir ensemble et que l'obéissance à l'un signifie désobéissance à l'autre.

Mais cela signifie encore davantage. La réduction de l'univers à deux systèmes isolés, dont l'un des deux est *divin*, est un verdict fatal contre son antagoniste ; car ce que l'Esprit Pur rejette est faux et irréel, et par conséquent le « sens fini », ses « conceptions » et le « monde matériel » (simple apparence de cette « activité finie »), sont irréels, illusoires. Ces notions auxquelles nous avons été amenés par notre pensée, se présente à beaucoup de hauts mystiques par la vision (1).

---

1. Ce terme : « faux sens de la réalité », est simplement un nom pour désigner ce qui *semble* exister, quand manque une réalisation sufisante de la nature réelle du Réel, de la part de la conscience spirituelle elle-même. Cette conscience est la faculté de devenir volontairement

L'Idéaliste Mystique, alors, est d'accord avec l'Idéaliste général sur ce point : qu'un monde pour être réel doit être « la pensée du Logos », le « monde de l'Esprit Pur ». Et c'est précisément, parce que nous croyons cela comme Idéalistes spirituels conscients, que nous soutenons que le monde matériel est irréel. Pourquoi ? Comment deux sortes d'Idéalistes peuvent-ils parfaitement être d'accord sur la base de la réalité et cependant en arriver à des conclusions exactement opposées en ce qui regarde le monde matériel ? Parce que l'Idéaliste général ne voit pas ce qui est irrévocablement clair pour nous ; que les idées, qui apparaissent comme le monde matériel fini, *ne peuvent pas avoir été pensées par l'Esprit Pur Infini.* Bien des suggestions de cette conclusion peuvent être trouvées à des sources variées, telles que la Philosophie Kantienne, le Védantisme et le Platonisme. Pour le Scientisme Chrétien, le monde matériel n'est que l'apparence, un « faux sens » de la Réalité. Ce n'est qu'une illusion, un

consciente du réel et de la manifester, et, dans la mesure où elle emploie son pouvoir, les activités illusoires et leurs apparences s'évanouissent.

rêve, une ombre, qui n'est pas plus à craindre que « la corde que nous avions, dans l'obscurité, prise pour un serpent ».

Dès lors il est clair, après avoir lu ce chapitre et le précédent, *qu'on ne pourra nous refuser* la conception d'un ordre spirituel, même si « l'intellect fini » ne peut pas nous la donner. Au contraire, si chacun de nous, cherchant la Vie, voulait étudier la Bible, Kant, les livres de la Science Chrétienne et les écritures des saints de différentes et nombreuses contrées, il pénétrerait et comprendrait les expériences spirituelles des autres, aussi bien que les siennes, de manière à arriver à une conception satisfaisante de ce qui constitue l'ordre céleste. Cette vision lui viendra dans une forme quelconque de l'Idéalisme spirituel, même s'il lui donne un autre nom. De simples termes négatifs ne suffiront pas à sa description et elle viendra clairement à celui qui la découvrira, si peu intelligible qu'elle puisse paraître aux autres, au moins pour un temps.

CHAPITRE XI

REMÈDE DE L'IDÉALISTE SPIRITUEL CONTRE L'ILLUSION APPELÉE « MAL »

L'Idéaliste spirituel nous assure que le Royaume des Cieux est venu ; mais, malgré ce témoignage réconfortant, il doit admettre que la soi-disant « connaissance », les désirs et les sentiments du « sens fini », se présentent encore à beaucoup d'entre nous comme des choses réelles. Ses « forces physiques » semblent encore gouverner nos vies dans une très large mesure ; ses maux semblent toujours présents ; il « ferme nos yeux à l'être intérieur des choses », et « fait naître ce sentiment de pluralité d'où provient tout égoïsme et toute discorde ». Quel profit a-t-on donc tiré de réduire l'univers matériel à un « esprit » qui n'a aucun pouvoir réel de connaissance

— dont, par conséquent, les processus mentaux sont faux — si de telles activités et leurs apparences, si fausses qu'elles puissent être, *nous poursuivent cependant sans cesse et nous paraissent réelles?* Étant fausses elles ne nous poursuivent pas nécessairement. Puisque le non-vrai n'est pas inclu dans le vrai et est inconnu de celui qui sait le vrai, il peut être inconnu de nous. La signification de cette révélation nous donne la clef de la victoire sur le Mal, considéré sous toutes ses formes. Éclaircissons ce point.

Notre étude de l'Idéalisme nous a révélé que toutes les formes du Mal ne sont que des « processus mentaux », des « pensées » et « sentiments » du « sens *fini* », et de ses apparences. D'autre part, notre étude de l'Idéalisme spirituel nous a révélé que ce « sens fini », ses pensées, et ses sentiments sont *inconnus*, c'est-à-dire irréels et faux pour l'Esprit Pur, ou Dieu, qui se manifeste en nous comme l'esprit de Christ. Ainsi nous voyons que, dans la mesure où nous réalisons ce qu'est la Vérité spirituelle, qui est active dans notre « esprit de Christ », nous nous détournons du « matériel » et nous nous affranchissons ainsi des ombres qui nous cacheraient le divin. Dans la pleine lumière de la vision spirituelle, nous verrons que tous les maux de la vie humaine ne sont que les apparences d'une activité illusoire, qui disparaissent dès que nous réalisons que seuls le Bien et le Spirituel sont réalité, vérité. C'est par cette compréhension et cette réalisation seules que le « Mal » peut être corrigé et amené à disparaître, et le Bien, le Beau, et le Spirituel, amenés à apparaître dans nos existences.

« La femme avait la *foi*, une sorte de pensée, une activité « de l'esprit de Christ » et sa foi l'a sauvée. » (Luc, 8, 48.)

Le Christ commanda au chef de la Synagogue : « Ne crains pas : crois seulement », c'est-à-dire, « réalise la vérité des pensées du Christ », et « sa fille se leva ». En effet, la loi de l'Esprit de la Vie « m'affranchit en Jésus-Christ de la loi du péché et de la mort ». (Romains 8, 2.) « Et là où est l'Esprit du Seigneur, là est la liberté. » (II Corinthiens 3, 17.)

L'Idéaliste Spirituel croit que ce fut la méthode de Jésus-Christ de considérer « le Mal » comme une simple illusion, grâce à la conscience du Réel, de *l'existant*, comme parfait. Nous avons, pour réaliser la toujours présente perfection du Réel, la même capacité spirituelle qu'avait Jésus-Christ. Il faut que nous soyons conscients non seulement d'une réalisation du pouvoir que nous possédons, mais des obligations et responsabilités qu'implique la possession de cette capacité de découvrir, comprendre et exprimer la perfection existante.

Les citations suivantes illustrent et éclaircissent la *loi du bien penser* qui, en opérant, prouve que le « Mal » est sans pouvoir.

« En vérité, en vérité je vous le dis, celui qui croit en moi fera lui-même les œuvres que je fais ; et il en fera encore de plus grandes, parce que je m'en vais à mon Père. » (Jean 14, 12.)

« Si vous demeurez en moi, et que mes paroles demeurent en vous, vous demanderez tout ce que vous voudrez, et cela vous sera accordé. » (Jean 15, 7.)

« Les paroles que je vous ai adressées sont esprit et vie. » (Jean 6, 64.)

Pour employer d'autres termes, ces paroles du Maître signifient : « Celui qui croit en mes idées, les œuvres que je fais, il les fera aussi, et celui qui demeure dans la Conscience du Christ demandera ce qu'il voudra et ce sera fait pour lui. Les idées du Christ sont le pain de la Vie, et si un homme réalise leur vérité il ne mourra pas. La réalisation de la vérité est ce qui fait apparaître la vie : l'affranchissement du non-vrai. Tandis que tenir pour vraies de fausses conceptions concernant la réalité, fait apparaître la « mort », ou aboutit aux aspects que l'on appelle « mort ».

Il s'agit donc d'acquérir *une nouvelle compréhension*, à la lumière de laquelle les anciennes conceptions fausses s'évanouissent comme un brouillard. Le soleil ne combat pas contre les pouvoirs de l'ombre, mais s'élève rayonnant, conscient seulement de son propre éclat ; et, grâce à cela les nuages, si épais qu'ils soient, finissent par être dissipés.

Dans le chapitre VII nous avons conté l'histoire de Pelléas et Mélisande comme le ferait un certain type d'idéaliste. Les processus mentaux étaient les acteurs véritables. Intérprétons maintenant cette même histoire comme un Idéaliste spirituel doit le faire. Dans son interprétation, les processus mentaux et les pensées sont également l'essence des soi-disant objets et événements ; mais, pour l'Idéaliste spirituel, seuls les processus de pensées spirituels, sont réels. Pour cette forme d'idéaliste plus élevé, Mélisande, en dépit de son incapacité apparente, n'en est pas moins en réalité une capacité de comprendre, aimer et exprimer la vérité d'elle-même, qui est — puisqu'elle est une activité de Dieu ou d'Esprit Pur --- un mode de la Conscience de Dieu ; l'activité dans cette idée, c'est-à-dire en Mélisande, est spirituelle, tout comme Dieu, et, par suite, bonne et sans crainte. Mélisande aurait pu manifester, ici-bas et dès maintenant, cette bonté et cette intrépidité existantes, dans la mesure où elle avait le désir d'user de ses facultés pour découvrir, comprendre et réaliser ce que Dieu éprouvait en elle. L'activité de Dieu ne peut être rien moins que morale, dit l'Idéalisme spirituel, rien moins que connaissant la vérité, rien autre qu'aimante et bonne ; et Mélisande avait le pouvoir de réaliser cela en elle, et la réalisation de cette vérité en tant que vraie, sera toujours puissante sur les illusions humaines, et le Réel apparaît alors (¹).

Sous ce jour, la soi-disant « victime des circonstances », du « milieu » et de « l'hérédité », ne peut plus être considérée par nous comme sans ressources, et, quand les choses tournent mal, on ne peut plus se sentir justifié à s'apitoyer sur soi-même, puisque la faute vient de soi. Ce qui est arrivé est simplement le résultat de ces « *fausses conceptions* », qui n'étaient pas *nécessaires* (²). Chacun de nous est responsable de ce qui lui arrive à lui et aux autres : voilà une des notes

1. La *Critique de la raison pratique,* dans laquelle on trouve écrite et développée la doctrine de la liberté de l'homme, est en contraste frappant avec la nécessité de la loi naturelle. — KANT, *Critique du Jugement,* traduit par Bernard, Introduction, p. XV.

« Aussi loin qu'un homme réalise cette loi (la loi morale) dans sa vie, il appartient directement à un ordre de choses différent de celui de la nature. » PAULSEN, *Emmanuel Kant,* p. 309.

2. Dieu écrit la vérité dans nos cœurs en caractères vivants, qui sont articulés et qui s'expriment, en sorte que si nous prêtons attention aux voix divines qui sont en nous , nous ne pouvons pas ne pas entendre ce que Dieu nous dit.

toniques qui retentit à travers cette doctrine de l'Idéalisme spirituel. L'aspect que nous appelons « infortune » n'est que l'aspect de notre non-réalisation de notre possession de la Vérité et du pouvoir de la trouver et de la faire apparaître. La vérité, en fait, est toujours présente, toujours reflétée en nous. Il faut que nous réalisions cela pour que Paix, Joie, Plénitude — qui ne sont que les signes extérieurs de l'activité de la pensée juste — apparaissent extérieurement, ici-bas et dès maintenant.

Il ne faut pas avoir pitié de Mélisande comme d'une créature innocente, abandonnée seule, sans qu'il y eût aucune faute de sa part, pour errer dans un bois obscur où rôde le Mal inconnu, à la merci d'un homme qui profite de ses terreurs pour l'enchaîner à lui par le mariage, sans qu'elle sache ce que cela signifie; car elle n'a aucun moyen de savoir qu'en permettant à Golaud de devenir son Maître et Seigneur, elle lui donne son amour en fief. L'Idéalisme spirituel nous a plutôt appris à considérer toute la tragédie de Mélisande comme étant uniquement l'extériorisation de « fausses conceptions ». De telles illusions et leurs aspects devaient nécessairement résulter du défaut de Mélisande à employer son pouvoir de reconnaître et de manifester les vérités que Dieu pense en elle à ce moment précis. Il n'est pas jusqu'au dragon Fafner et à Mime qu'elle n'eût pu tuer, et les oiseaux eux-mêmes l'auraient fait rentrer dans son bien, si, comme Siegfried, elle avait réalisé qu'elle ne pouvait pas trouver la peur en elle, qu'elle, une innocente sans astuce comme Parsifal, ne pouvait jamais trouver en elle une impureté.

Rappelons-nous donc, en tant qu'Idéalistes spirituels, que ni le chagrin, ni la crainte, ni aucun mal, n'est nécessaire à notre progrès vers la réalisation de la Vérité ; qu'aucun maître ne nous inflige de peines contre lesquelles nous n'ayons pas de refuge et auxquelles nous n'ayons aucun moyen d'échapper ; mais que toute la faute de ce monde, si triste sans nécessité, vient de nous-mêmes. Les illusions ne se présenteront pas si, en cherchant, nous nous rendons compte de ce qu'est la Vérité telle quelle, cette vérité que chaque conscience divine contient *déjà*. Mais, bien que le Mal ne soit pas nécessaire à cet éveil à la vérité, néanmoins si, dans notre marche pour y atteindre, nous semblons prendre la mauvaise direction, ne soyons pas, en cherchant un remède, infidèles et superficiels, et ne nous adressons pas à d'autres qu'à la Vérité, quand bien même notre guérison paraîtrait lente et s'accompagnerait de ce que nous appelons tristesse et douleur. Rendons-nous compte que la loi de perfection travaille toujours en nous, nous apprenant à chercher du secours là d'où peut uniquement venir un secours durable. « Mon Dieu ! Mon Dieu ! » voilà l'unique cri, et la réponse, la seule véritable, viendra sûrement.

Dans les moments de chagrin, absorber son pouvoir mental dans le plaisir ou même dans des recherches profitables, dans le but d'oublier et d'imposer silence à ce sérieux interrogatoire de notre cœur, ce n'est que reculer la découverte de cette vérité précisément que nous pouvons et devons trouver, si nous voulons nous sauver nous-mêmes, et les autres avec nous, de cette vallée de souffrance que nous traversons actuellement.

Nous avons maintenant clairement dans

l'esprit cette forme particulière d'activité mentale qui caractérise le Mystique religieux ou Idéaliste spirituel. Quo s'en suit-il ? Qu'à réfléchir sérieusement, pas un de nous ne peut déguiser qu'il possède en lui-même cette activité spirituelle. Simplement révélée comme

> « vagues appréhensions d'une créature
> qui se meut en des mondes irréalisés (¹) »

peut-être, mais qui *est là*, quelque peu consciente, et faisant effort pour se réaliser et s'accomplir, assez réalisée, dès maintenant, pour qu'on s'y cramponne dans les moments de détresse.

Ainsi donc, pour l'instant, que chacun d'entre nous cherche en lui-même et y trouve cette affection, ces souvenirs des premiers temps, ou peut-être ces parcelles de quelque chose qu'il peut à peine appeler une foi, pourtant définis, tout au moins comme distincts, et reconnus comme étant le fondement sur lequel toute sa vie est construite. Qu'il prenne possession de ces parcelles, qu'il les connaisse maintenant comme spirituelles,

1. WORDSWORTH, *Ode sur l'immortalité.* Voir *l'Homme primitif* de RODIN.

et qu'il les assemble en une sorte de dessin, les appelant son *Credo*, ou du nom qui lui déplaira le moins.

La réalisation de la vérité d'un *Credo* très simple, par le fait qu'elle implique l'activité spirituelle, est aussi effective pour s'affranchir des apparences appelées Mal que la réalisation de la Vérité sous des formes plus complexes, pourvu que cette compréhension et cette réalisation des formes les plus simples de la Vérité représentent le résultat de nos meilleurs efforts. Nous nous avançons toujours vers une intelligence plus complète de la Vérité spirituelle, et notre prochain chapitre indiquera une méthode pour le faire consciemment ; mais, pour le moment, nous montrons la valeur de la foi simple : car toute idée spirituelle, si simple qu'elle soit, contient tous les éléments essentiels de la Vérité. Ce n'est pas tant les vérités que nous comprenons, par conséquent, que l'activité à comprendre et à réaliser, qui nous permet de mettre au jour, ici-bas et dès maintenant, la perfection existante.

Néanmoins, la valeur pratique de toute pensée juste — sa force dynamique — dépend entièrement de la réalisation que l'on fait de sa vérité et cette réalisation de la Vérité spirituelle ne vient pas toute seule. Elle vient par la souffrance ou le péché, ou par l'exercice volontaire de la réalisation. Cet exercice volontaire est notre prière quotidienne. C'est l'acte de « gravir la montagne », de sortir en pensée chaque jour du *monde sensible*, ne fût-ce que pour une heure. « Le monde nous occupe trop, du matin au soir ; à gagner et à dépenser nous anéantissons nos facultés, » tandis que nous devrions plutôt exclure le monde des affaires et nous isoler avec le Père Céleste, pour tenir largement ouverts les chemins de communication entre Lui et nous.

Quand nous apercevons une pensée divine, ne fût-ce que vaguement, si nous la tenons dans notre esprit pendant un temps déterminé chaque jour, nous serons surpris de voir quels résultats s'ensuivront. Nous pourrons, au début, le faire dans l'attitude du savant qui poursuit simplement des expériences pour voir si une hypothèse est vraie ou non, qui « observe » purement son propre esprit, sous des conditions données, avec un désintéressement complet. Par exemple, on prétend que : les processus *spirituels* sont vrais, qu'ils soient simples ou complexes, exprimés par des mots ou seulement sentis (1) ; que, de la compréhension et de la réalisation de la vérité et de la nature de ces activités ou de

1. « ... Rien n'arrivera », dit Marco, « Rien ne peut arriver..., parce que — et l'enfant parla d'un ton très calme — vous voyez, je peux toujours faire un fort appel, ainsi que j'ai fait ce soir.

« — Avez-vous crié ? » demanda le Rat, « je ne savais pas que vous aviez crié !

« Je n'ai pas crié ; je n'ai pas parlé haut, mais le « Moi » qui est en moi (Marco se toucha la poitrine) appela « Au secours ! au secours ! de toute sa force. » Et le secours est venu ! »

Le Rat le regarda d'un air de doute : « A qui a-t-il fait appel ? » demanda-t-il.

« — Au Pouvoir, à la Pensée qui fait les choses ! L'ermite Bouddhiste qui en a parlé à mon père l'appelait : « La Pensée qui a pensé le Monde. » FRANCES HODGSON BURNETT, *le Prince Perdu*, chap. XXI.

« C'était appelé : « La Loi de l'Être Terrestre. » Cette loi était pour chaque jour, dit Marco, pour ordonner les petites choses que nous croyons sans importance aussi bien que les grandes... Voici quelle était cette loi. »

« Ne laisse passer à travers ton esprit, mon fils, que l'image que tu désires voir devenir une vérité. Médite seulement sur le désir de ton cœur, examinant d'abord s'il ne fait de tort à aucun être et s'il n'est pas vil. Alors il prendra une forme terrestre et s'avancera vers toi. »

« Ceci est la Loi de Celui qui crée. » FRANCES HODGSON BURNETT, *le Prince Perdu*, chap. XXII.

l'effort accompli pour ce faire pendant une demi-heure au moins chaque jour, résultera un pouvoir sur « le Mal », qui contribuera à la perfection, dans des conditions qui sont ce que le commun appelle « le bien ». Nous ferons déjà beaucoup si nous employons notre esprit comme un laboratoire, pour aider à prouver le bien ou le mal fondé de ces prétentions.

Et comme, — notre concentration quotidienne commençant à nous faire connaître plus complètement le Savoir, l'Amour et l'Expression divine qui nous constituent, — nous réaliserons de plus en plus la vraie signification des activités spirituelles, l'apparent pouvoir de connaissance du fini sera offensé et se hâtera de se mettre sur la défensive. Et, en proportion de la découverte des conclusions logiques impliquées dans les processus et les idées vrais, la dissension qui a toujours existé entre le matériel et le spirituel se fera sentir. Le conflit entre les deux est inévitable. Une trêve est impossible. Au besoin, cet antagonisme entre les notions humaines et la connaissance divine, les sentiments et la volonté, nous sera imposé par le péché, la souffrance et la douleur ; mais il peut, aussi bien, nous être révélé comme un résultat de notre entraînement quotidien.

La machinerie « mentale finie » est développée et entraînée chaque jour par des heures d'études et c'est très peu que de donner une demi-heure à l'entraînement de son adversaire. L'étudiant qui gagne la partie de football contre son adversaire ne s'est pas fié à l'emploi fortuit de ses muscles, de sa volonté et de son courage, celui que demande la routine insignifiante de tous les jours. Mais sachant qu'il aura à soutenir un rude combat contre des adversaires choisis, il s'entraîne par des exercices déterminés pendant un temps fixé chaque jour. C'est la seule méthode à suivre pour lui, s'il espère seulement vaincre, nous ne dirons pas s'il veut être sûr de la victoire. Notre victoire spirituelle ne requiert pas un moindre entraînement quotidien.

Et maintenant, une perplexité nous attend. En réalisant la Vérité, nous obtiendrons des résultats qui nous sembleront encore matériels. Ceci est troublant, car nous avons vu précédemment que la réalisation de la Vérité ne peut donner que des aspects de la Réalité existante et que cette Réalité et ses aspects sont naturellement spirituels. Cependant nous nous trouvons environnés par une richesse des aspects matériels. Comment expliquer cela? Le « sens mortel », ses conceptions, et leurs aspects matériels sont, à cette période, *en apparence*, placés parallèlement à l'Esprit Pur, à ses idées et à leurs aspects spiritu... On peut nommer ces aspects matériels un voile, en ce qu'ils tendent à cacher la Réalité et ses aspects spirituels. On peut prendre ce voile, ce « rideau des sens » pour le Réel, ou l'aspect du Réel. Il y a une erreur dans les deux cas. L'Esprit Pur, ses fonctions, et ses idées spirituelles, constituent le « Réel », et ce « Réel » *a un aspect qui lui est propre*. Plus nous réalisons ceci, plus nous amincissons le voile matériel et rendons ainsi le Spirituel visible. Oui, il y a des moments dès maintenant où notre réalisation de la Vérité des vraies idées est suffisante pour effacer entièrement le sens matériel des choses. Alors, non seulement leurs aspects aussi disparaissent, mais soudain, une vision spirituelle brille à notre vue. « Ce sont des choses que l'œil n'a point vues, que l'oreille n'a point entendues, et qui ne sont pas montées au cœur de l'homme » (physique). (Corinth. 2,9.) Mais quand elles apparaissent « ceux qui ont le cœur pur voient Dieu » et ses Idées. (Mathieu 5,8.)

IV

TECHNIQUE DE L'IDÉALISTE SPIRITUEL

CHAPITRE XII

L'ACQUISITION CONSCIENTE D'UNE PLUS AMPLE CONCEPTION DE LA VÉRITÉ

Ce que nous appelons insuccès, souffrance physique ou morale, péché, privation de quoi que ce soit, n'est qu'une suite de « fausses conceptions » avec leurs aspects. Aussi, dans un monde qui contient tant de péché et de souffrance de toute sorte, il est naturel que nous entendions souvent parler « d'arriver à la Vérité », puisque c'est le seul remède à l'erreur et à ses aspects ou phénomènes matériels. Nous aurons tous à y arriver, c'est-à-dire à comprendre et à réaliser pleinement, plus ou moins tôt, la Vérité ; car la Nature divine, que ce soit en Dieu ou en l'homme, demande que la perfection apparaisse. Le chemin qui nous y conduit peut être difficile et terrible, si nous attendons pour nous y engager d'y être forcés par la souffrance et le péché, à chaque nouveau pas. Mais nous n'avons nul besoin de descendre dans la vallée profonde et sombre de la souffrance avant d'essayer de découvrir la vérité que pense notre Père.

Si nous prenons le chemin de la vertu et de l'amour, notre venue vers la réalisation des vérités existantes sera une marche joyeuse et spontanée. Si nous désirons connaître la Vérité, pour l'amour de la Vérité, nous serons sauvés de sa découverte forcée par la souffrance. Étant bons et aimants, nous réaliserons les insuffisances de la vie humaine, nous réaliserons que, fût-elle la meilleure possible, cette vie est loin d'être sage, forte, belle, loin de donner l'amour à tous et de recevoir l'amour de tous, loin d'être puissante contre le mal à un degré satisfaisant. Plus nous serons bons et aimants, plus vive sera notre réalisation des souffrances qui nous entourent, et un tel sentiment nous contraindra à tendre la main vers cette vérité qui, quand nous la réaliserons comme vraie, nous donnera le pouvoir contre le mal du monde, nous sauvera et nous permettra de sauver les autres des limitations et des étroitesses de ce monde d'ici-bas, de son ignorance, de son manque de bonheur et de sympathie, et de ses vains efforts. Par conséquent, dès le début, notre intention sera de rechercher constamment plus de Vérité, non seulement parce que cette recherche est intéressante en elle-même, mais parce que la conscience de la Vérité est le seul moyen de faire apparaître extérieurement le Bien. Et il y a toujours un nouveau pas à faire dans la connaissance de la Vérité, car de plus larges visions de Vérité sont toujours nécessaires pour résoudre les problèmes de plus en plus complexes que la vie apporte. Aussi, dans notre recherche de la Vérité avons-nous toujours en vue le but pratique, et tout ce que nous accepterons finalement comme vrai, se sera démontré tout le long du chemin, comme ayant une valeur pratique, si on l'applique à la vie quotidienne.

En nous attachant à conserver en nous-mêmes ce que nous possédons déjà de la vérité spirituelle, et en y ajoutant ce qu'apporte la vie, il se peut qu'un jour la foi d'un autre nous semble entièrement belle. Peut-être ne la comprendrons-nous pas ; mais néanmoins nous désirerons qu'elle soit vraie. Ce désir suffit, car ce que nous avons reconnu d'abord comme beau, se révélera bientôt comme bon et peut-être seulement tout à la fin comme vrai.

Comment se fait-il que nous soyons arrivés à nous défier du beau, alors que le beau est généralement bon, et le bon vrai ? Que nous demandions finalement la compréhension de nous-mêmes est juste ; mais devrions-nous attendre de comprendre avant de donner libre cours à nos instincts les plus élevés ?

Si nous trouvons notre entendement faible, nous ne devons pas, par fausse fierté, par scepticisme, répugner à demander à d'autres la lumière. Arrêtons-nous plutôt avec reconnaissance sur leurs expériences spirituelles, que notre propre capacité à comprendre peut être encouragée à faire épanouir. Nous devons toujours nous laisser conduire par des maîtres dont le développement est, en certaines directions, plus grand que le nôtre et dont la voie est par suite plus triomphale. Ces personnes ne sont que des Idées que Dieu nous envoie, comme il envoie à nos cœurs ces pe-

tites voix calmes, en réponse à nos besoins
et à nos recherches de la lumière. Ayant dé-
cidé de chercher plus de vérité, non seulement en nous-mêmes, mais dans l'esprit des
autres, nous pouvons être amenés peut-être à
entreprendre ces plus grands efforts par
l'étude des idées spirituelles de quelque ami,
— parfois sur sa demande, — qui, ayant reconnu nos besoins, nous fait savoir qu'il y
a quelque chose que nous ignorons. Il sait ce
qu'est la vérité, et, par la parole aussi bien
que silencieusement, il nous enseigne chaque
jour les idées spirituelles dont il s'est démontré à lui-même la vérité.

Pendant quelque temps, longtemps peut-
être, nous pouvons ne pas remarquer en
nous une amélioration, qui cependant peut
être observée par ceux qui nous entourent ;
mais à la fin nous serons suffisamment éveil-
lés pour voir que nous nous améliorons dans
la proportion où nous permettons aux idées
spirituelles de prendre possession de nous.
En conséquence notre attitude change. Une
ombre de curiosité prend la place de l'indifférence et du scepticisme, et nous nous disons
comme pour nous excuser : « Comment

peut-on ne pas s'étonner qu'une pensée agisse comme un charme? » Encouragés, nous continuons à nous attacher avec plus de sérieux et de persistance aux pensées considérées par d'autres comme vraies. Il semble d'abord difficile de concentrer l'esprit, ne fût-ce que quelques secondes, sur ces idées presque sans signification pour lui. Ce sont des étrangers dans le nid ; la vieille nichée est jalouse et s'efforce de les repousser, mais graduellement, si l'on tient bon, les vieilles pensées s'envolent ; les nouvelles gagnent en force, commencent à se sentir chez elles, et viennent, semble-t-il, d'elles-mêmes. Une ère nouvelle s'ouvre.

Une nouvelle idée, puis d'autres, nous sont données, et à l'arrivée de chaque nouvelle idée, une ancienne s'apprête à s'envoler. Ce n'est pas seulement un processus d'addition, mais de soustraction aussi. Les vieilles feuilles de chêne sont rejetées à mesure que se forment et sortent les nouvelles. Enfin arrive un moment de crise. On dit spontanément : « Certainement cette idée est vraie ; et, qui plus est, dans beaucoup de cas, je puis dire que je la savais déjà vraie. Bien

plus, il me semble que je l'ai toujours connue vraie. »

A partir de ce moment l'attitude entière
est changée ; nous tenons pour vrai maintenant, et nous avions tenu pour vrai auparavant, ce dont nous nous moquions il y a peu
de temps encore. De combien d'autres idées
ne nous raillons-nous pas après les avoir te-
nues pour vraies en quelque jour oublié ?

Nous avons fait maintenant dans notre vie
mentale une découverte, qui nous place dans
une attitude d'humilité et de gratitude. Nous
sentons alors que la Source de notre savoir
est en dehors de nous-mêmes et qu'il ne nous
appartient pas de mesurer ni « elle » ni Ses
dons. La nature spirituelle qui est en nous
avait parlé, mais nous n'avons pas su qu'elle
était nous-mêmes. Elle avait parlé et nous
avions entendu, mais il ne semblait pas que
ce fût notre cœur qui parlât, et nous n'avions
pas écouté sérieusement ses messages. Cette
découverte de nous-mêmes, qui nous amène
à savoir ce que nous sommes réellement et
ce que nous pouvons trouver et manifester,
voilà ce qui arrive et doit arriver à chacun
de nous. Ce pouvoir spirituel pour découvrir,

comprendre, réaliser, et manifester les vérités toujours nouvelles que Dieu nous révèle quotidiennement, a toujours agi, il a toujours compris des vérités de plus en plus nombreuses et il a toujours entassé des trésors pour nous ; mais ce n'est que maintenant que nous avons conscience de le posséder et de nous en servir.

Dès qu'une forme quelconque d'expérience spirituelle nous a révélés de cette façon à nous-mêmes, nous sommes impatients d'apprendre davantage sur notre nature réelle et sur son pouvoir, comme étant une activité qui réalise et manifeste la vérité, ce sésame de trésors ignorés qui a toujours été nôtre et dont nous n'avons fait qu'un usage inconscient.

Avec la confiance assurée d'avoir toujours possédé une capacité de compréhension et de réalisation de la Vérité, nous avons soudainement une impression de richesses possédées et mises en réserve pour nous, et un incomparable champ d'action s'ouvre devant nous, dans toutes les directions. Nous voyons l'océan pour la première fois, nous respirons l'air de la montagne après avoir vécu un temps de lassitude dans les plaines. Non seulement de nouvelles perspectives de connaissance s'étendent devant nous, mais aussi un plus grand domaine de sentiments et d'actions, un commerce plus étendu avec les hommes s'offre à nous, avec un plus grand désir de donner et de recevoir. La vie a une nouvelle signification et l'esprit d'aventure et de découverte s'empare de nous. Le royaume spirituel a toujours été ouvert et nous sommes destinés à y entrer et à en prendre possession de toute éternité, grâce à notre faculté de comprendre et de réaliser la Vérité, qui est notre bien inaliénable ; et maintenant, nous savons qu'il ne nous sera ouvert qu'autant que nous frapperons, et que nous trouverons dans la mesure où nous chercherons. La joie remplit déjà nos cœurs à la pensée de ce que le passé a donné et de ce que l'avenir garde en réserve pour tous les hommes. Et cette joie n'est pas entravée un instant, bien que nous nous rendions compte que beaucoup de travail sérieux reste à faire pour que cette vision dure et s'accomplisse.

Nous devons consacrer chaque jour un

certain temps à un travail de concentration sur la réalisation des conceptions spirituelles, tant nouvelles qu'anciennes, car toutes les conceptions de la Réalité, en tant que spirituelles, contiennent cette vérité dont la connaissance nous donne tout pouvoir sur le mal. Nous ne serons pas effrayés, dès lors, d'étudier les croyances qui nous sont étrangères ; mais, au contraire, ancrés à des idées bien éprouvées, et comptant sur Dieu pour nous guider, tenons pour un devoir de nous appuyer sur ces « nouvelles » idées qu'Il met sur notre chemin. Considérons-les sérieusement et sans préjugés. Arrivons à comprendre leur signification, même si nous ne le faisons qu'avec doute et seulement en vue d'une expérimentation ; même si nous ne le faisons pour nulle autre raison que celle d'être au nombre de ceux qui essayent de découvrir si certaines pensées, estimées vraies par quelques-uns, sont réellement vraies et par conséquent, donnent bien la vie, la joie, l'abondance, et peuvent ainsi être employées comme un aliment, comme un préservatif contre le mal, comme un tonique, une récréation, un remède pour l'esprit et pour le corps. En entreprenant ainsi de déterminer la valeur d'une pensée donnée, chacun doit se rappeler qu'on est incapable de juger de sa valeur curative tant qu'on n'a pas laissé cette idée prendre possession de soi complètement. Cette entière occupation de l'esprit par les pensées qu'on expérimente ne vient pas en lisant simplement les mots, en s'emparant faiblement de leur signification ; pas plus qu'une complète connaissance du sens de ces mots ne signifie une soumission entière de l'esprit à une idée donnée ; pas plus également que la certitude que certaines idées sont vraies ne met les pouvoirs de l'esprit spirituel à leur plus dure épreuve. De même que l'atmosphère semble saturée de lumière, de même que nos cœurs peuvent à peine supporter le poids de leur chagrin ou de leur joie, de même qu'un oiseau emplit à déborder son gosier de ses chants, ainsi l'esprit est saturé, débordant, et transporté d'émotion quand il *réalise* que certaines idées sont vraies. Alors nous savons que ce n'est pas seulement le cœur qui chante et danse ; l'esprit aussi se sent lui-même jeune, quand il palpite de vérité et il nous porte spontanément et légèrement, sans effort, où il veut, mais toujours vers quelque joie, quelque bien, à un nouvel amour, à une nouvelle vie, à un pouvoir non rêvé, *pourvu* qu'il ne soit ni interrompu, ni étouffé par de simples apparences, par ces fausses conceptions qui paraissent surgir et couper son mouvement en avant.

Il faut nous rendre compte de ce grand danger. Si le courant de la pensée spirituelle est interrompu, nous perdons le contact avec notre source d'énergie. Alors, notre idée spirituelle se fanera comme une plante privée de soleil, et nous ne l'amènerons pas à la plénitude dans l'action. Nous aurons peut-être un haut idéal, mais il restera improductif, et ce sera notre condamnation. Cette brisure dans notre carrière, ce « manque de contact », est due, semble-t-il, à l'introduction d'une force de bas aloi, qui prend de nombreuses formes : le déguisement de la peur, du manque de confiance en soi, de la suspicion envers les autres. Ce contre-courant peut nous venir de quelqu'un qui nous est cher, mais qui ne comprend pas encore. Il peut s'imposer comme un devoir précédemment contracté. Mais, quelle que soit la forme de l'interruption, choisissons la meilleure part et combattons ces fausses voix qui voudraient nous tenter. Nous triomphons de nos menus ennemis en écoutant les idées qui sont celles de Dieu et qu'il produit en nous. Lorsque nous les découvrons telles qu'elles sont, nous nous appuyons fermement sur elles. Et nous nous perdons dans cette attitude de celui qui écoute et répète jusqu'à ce que Dieu et Ses idées soient pour nous la seule Vérité. Il ne faut rien moins qu'un tel effort consacré à réaliser la vérité, pour faire vibrer les cordes de l'esprit et lui faire produire cette musique, qui, chaque jour, nous dit quelque chose de beau et de nouveau et nous fait savoir que cela est vrai, jusqu'à ce que notre douleur soit passée, notre joie revenue et que tout le bien qui nous a été promis soit là.

Écouter ainsi les messages de Dieu et comprendre notre obligation de leur obéir nous imposera de plus grands devoirs et, quoique l'ancienne crainte et le découragement essaient de se rétablir, ce sera en vain, car maintenant une force cachée entre en action ; une joie se gonfle en nous ; nous nous sentons renaître, comme si nous étions libérés du « vieux moi » et de toutes ses limitations, de ses « je ne peux pas », « je ne veux pas essayer ».

Avoir des idées flottant dans l'esprit comme les paroles d'un chant spontané et les amener à leur accomplissement, c'est vraiment une nouvelle façon de vivre. Le vide provenant du manque d'idées et la crainte que celles que l'on possède ne puissent porter leurs fruits, s'évanouissent peu à peu sous la délicatesse d'un toucher nouveau. Souvenons-nous, dès lors, dans les premières années de notre initiation, quand il est difficile pour nous d'apprendre simplement les mots exprimant certaines idées, — pour ne rien dire du fait d'être capables, ne fût-ce que pendant quelques secondes, de nous y appuyer à l'exclusion des autres, — que, nous ne devons pas encore nous permettre de juger de leur pouvoir. Nous devons nous rappeler que, tant que nous ne comprenons pas ce qu'une idée signifie, tant que nous ne pouvons pas en réaliser la vérité et *maintenir cette réalisation* sans laisser briser le courant par aucune fausse conception, la pensée juste ou l'idée ne pourra pas avoir de prise sur nous, et prouver sa valeur par quelque effet salutaire sur notre esprit, sur notre corps, et sur nos contingences. Ce grand flux d'activité de pensée en nous, comparable à un raz de marée, ne reconnaît ni ne respecte les anciennes bornes, il les franchit toutes ; il est sa propre loi, tandis qu'il monte, déborde et contribue à la réalisation des idées vraies dans toutes les régions sur lesquelles il se répand. Alors, parvenus à ce point, nous sentons qu'il nous est possible d'instituer un traitement pour nous et pour les autres.

CHAPITRE XIII

APPLICATION PRATIQUE DE LA VÉRITÉ

Quand nous sommes ainsi absorbés à écouter les Idées de Dieu, et à réaliser leur présence et leur vérité au point d'être absolument soulevés et de n'entendre, ne voir, et ne connaître rien autre que l'homme dans son être véritable, ce grand flux d'activité de pensée spirituelle commence à s'épancher au dehors, indépendant de nous-même en apparence, quoique nous gardions le pouvoir de diriger son cours. Alors c'est à nous à voir celui qui demande secours à la vérité, dans son véritable être spirituel ou tel que le Christ ; nous remarquons bientôt qu'une telle réalisation est réparatrice dans ses effets. « Guérir » c'est seulement faire apparaître extérieurement la perfection existante par notre réalisation de sa nature et de sa présence.

Expliquons ceci davantage : quand un homme souffre dans son corps, la souffrance lui semble physique ; mais, en fait, ceci n'est que l'indication du manque de réalisation par lui, de la véritable nature de son être, qui est un mode d'activité spirituelle en évolution. Il doit, dès lors, devenir de plus en plus conscient de ce que sont ces activités constamment en marche en lui-même, et cette réalisation se manifestera toujours elle-même par un retour à des conditions normales. Le travail du praticien consiste dans la réalisation silencieuse pour le malade de la présence, dans sa conscience, de ces activités spirituelles dont ce dernier est inconscient, mais que Dieu produit en elle : par exemple, sa connaissance du Spirituel tout en tout, et qu'il n'y a aucune réalité dans le « mal » et par conséquent qu'il n'est pas à craindre. Si le praticien parvient lui-même à une pénétrante réalisation de la présence de ces grandes vérités, le patient, dans une certaine mesure, devient aussi conscient de leur présence ; et, pour autant qu'il l'a pu faire, son mal s'évanouit.

Pour appliquer ce principe à un certain cas, supposons que notre patient ait « un mal de tête ». Le « point précis » — parlant par figure, car il est dans la conscience — où le mal paraît être, semble vide d'activité de Dieu. Mais ce vide n'est, bien entendu, qu'une illusion, car la Conscience divine est toujours en activité, partout en chaque individu, — la conscience spirituelle, — en dépit des apparences contraires. Par conséquent, pour le préciser encore, le point où semble être la douleur, est en réalité plein d'activité de pensée — l'activité de l'Esprit Pur — bien que le patient lui-même puisse ne pas s'en apercevoir. Il est nécessaire pour le praticien de réaliser consciemment que la connaissance, l'amour et l'expression de la vérité par Dieu, sont actives, en dépit de l'incompréhension apparente du patient, et, comme conséquence, celui-ci commencera aussi à réaliser un bien-être, et, pour autant qu'il le fera, ce bien-être apparaîtra extérieurement.

Tout manque d'harmonie qui se manifeste dans nos existences prouve que nous « ne pensons pas juste » sur nous-mêmes et sur les autres. Cet état mauvais en apparence ne peut être modifié, qu'en nous éveillant à notre origine et héritage spirituels — *notre perfection en vérité* — et nos « fausses conceptions » disparaîtront en proportion de notre réalisation de cette perfection et de ses aspects.

Si le patient est spirituellement disposé de façon suffisante, le praticien peut, par une *silencieuse* réalisation de la Vérité qui concerne l'humanité, réussir à le soulager du fardeau des fausses idées qui le lient. Afin d'obtenir les meilleurs résultats, le patient doit s'aider autant qu'il peut, en pensant des pensées vraies. Prenons maintenant un autre cas typique et indiquons son traitement.

Supposons maintenant que le mal soit un mal mental : une souffrance de cœur, par exemple, par suite de la perte ou de la séparation d'un être aimé. En enseignant à celui qui a besoin de secours que les idées de Dieu existent éternellement dans Sa Conscience divine et sont toujours reliées l'une à l'autre, nous lui enseignons en même temps à être conscient de son inaliénable rapport avec son ami, et ainsi nous l'avons arraché à sa douleur par la *réalisation d'une Vérité*.

Ainsi le bien a été accompli en concordance avec la loi spirituelle.

Définitivement donc, par l'expérience, nous arrivons à un point où nous pouvons juger de la valeur réparatrice des idées du Christ. Pour traiter n'importe quel état, il faut d'abord réduire toutes choses en pensées ; puis analyser ces pensées ; et, à la lumière de ce que nous avons appris, distinguer celles qui sont spirituelles de celles qui sont finies et réaliser la vérité de ces pensées qui sont spirituelles. Dans la mesure où nos esprits seront absorbés dans la vérité de ces vraies idées, l'invisible bien deviendra visible. Notre effort n'a pas été de créer ce bien, mais seulement de réaliser qu'il existe, et ainsi, par notre réalisation de son existence, de la faire apparaître. Si je réalise que l'homme spirituel, le « vrai moi » *est* amour, et que le patient veut savoir la vérité, il *réalisera* bientôt que son vrai moi est amour, et ses actes quotidiens seront réglés par l'amour. Si donc je réalise que l'homme spirituel ne peut pas souffrir, — et le patient souhaite de savoir la vérité, — l'absence de souffrance sera la réponse à sa réalisation de son vrai moi. Quoi que je connaisse de lui comme « *vrai* », il en viendra à le connaître comme vrai de son vrai moi.

Parfois nous reculons devant le traitement appliqué par un autre, pensant qu'il y a là peut-être quelque force illégitime ou quelque influence hypnotique employée pour nous faire croire certaines choses contre notre volonté ; mais le procédé consiste simplement à enseigner à la personne que l'on traite, à *réaliser* comme vrai dans son moi réel ce que Dieu sait déjà être vrai. Dieu n'a pas de secrets réservés à un petit nombre d'élus. Sa vérité est ouverte à tous, et chacun de nous, dans sa vraie nature est une faculté de compréhension et de réalisation de la vérité et peut ainsi se protéger contre l'erreur et ses faux aspects. La vie de chaque jour atteste constamment cette existence, dans tous les hommes, de la même espèce de faculté à comprendre, qui rend chacun capable de communiquer aux autres ses pensées et d'éveiller dans leur esprit une activité similaire à la sienne. Supposons que nous nous sentions découragés quand vient à entrer un ami, avec un « rire contagieux » et l'heureuse faculté de « faire une plaisanterie ». Combien de temps nous sentirons-nous abattus ? Qu'est-il arrivé ? Nous avons « compris la plaisanterie » ; c'est-à-dire que cela a éveillé dans notre esprit une activité analogue à la sienne. Il ne nous a pas magnétisés, il n'a pas substitué sa volonté à la nôtre : nous voyons simplement le point, la vérité qu'il faut que tous nous voyions. C'est comme s'il avait simplement appelé notre attention sur quelque chose dont l'évidence doit être égale pour nous deux.

Le travail d'enseigner la vérité à un autre a, comme résultat, pour cet autre, la découverte, la compréhension et la réalisation de la vérité, et, en même temps, a un effet réparateur qui jadis nous aurait surpris. Durant cette réalisation de la vérité nous sentons la présence de notre Père céleste, et nous savons que nos efforts pour le patient sont basés sur sa volonté. Nous sommes certains que nous exécutons ses desseins. C'est ce qui nous donne du courage et l'assurance du succès.

Comme résultat de l'activité spirituelle, dans la réalisation consciente de la vérité, on peut atteindre graduellement un état de conscience où les idées ne peuvent plus supporter le vêtement des mots : et, dans un équilibre spirituel sur la hauteur que le patient a atteinte, il peut paraître plongé dans un flot de lumière dorée. Il peut aussi voir le patient et lui-même comme ne faisant qu'un en substance avec cette mer de lumière, et tous deux peuvent reposer là dans la perfection. Ce nouvel aspect de nous-mêmes et des autres n'est pas un aspect matériel du tout, mais une vision de l'idéal. C'est comme la pure lumière du soleil, seulement, c'est un soleil céleste, plus lumineux, plus pur que tout ce que nous percevons par le sens de la vue. Puis, à mesure que la réalisation des vérités spirituelles devient plus intense, cette vision irradie de plus en plus cette intelligence, cet amour, cette joie, cette liberté, et ce pouvoir, qui sont inhérents à Dieu et que l'homme exprime. Cette vision est un phénomène spirituel et ne vient à l'un de nous que quand sa vue spirituelle est claire.

Sans aucun doute, il y a une variété de phénomènes qui accompagnent la réalisation des idées spirituelles comme vraies. Mais quels que soient ces phénomènes, ils apporteront avec eux la conviction qu'eux-mêmes, aussi bien que les idées qui les amènent, sont spirituels et réels. Réaliser la vérité spirituelle et atteindre ces phénomènes exaltants qui suivent — quoi qu'ils puissent être — c'est être pour toujours débarrassé du doute sur la réalité de la substance spirituelle.

Supposons que mon ami soit plongé dans la souffrance ou le chagrin, cette vision de vérité a remplacé les ténèbres qui semblaient s'opposer à nous, et le patient est généralement soulagé. Si le mieux ne se fait pas sentir aussitôt, comme ce sera quelquefois le cas, ce n'est pas une raison pour se décourager, car le progrès de l'acquisition spirituelle continue, et se manifestera.

V

CONCLUSION

CHAPITRE XIV

Comme résultat de l'étude expérimentale précédente, durant laquelle notre capacité à comprendre et à réaliser la vérité — notre conscience spirituelle — a fait un travail critique et sincère, nous nous trouvons en possession consciente d'une vérité, et dans nos efforts à la rendre pratique, cette vérité prend forme.

La conception individuelle suivante va l'illustrer. Tout d'abord je n'ai pas essayé de rendre par des mots cette vérité qui m'est venue par ma propre expérience et par l'enseignement des autres. Ces mots me sont venus graduellement, à mesure que les pensées se définissaient, durant des années d'un effort journalier pour rendre ces vérités pratiques, afin de vaincre le mal et de maintenir le bien.

Quand finalement les mots viennent, on sent que l'expression individuelle de la pensée universelle est à soi, mais non la pensée elle-même. Celle-ci est à jamais dans l'Esprit. Dieu seul la possède, mais elle est là, pour que chacun la saisisse et l'exprime de sa propre manière. Oui, cette expression individuelle et consciente de vérité est le devoir de chacun de nous ; car, bien que ces grands mots —Esprit, Amour, Vérité, Pouvoir, Réflexion— ces calices de vie, nous aient été donnés, nous ne pouvons cependant prendre le don de tels mots légèrement. La passion du porteur de mots est de nous libérer, de nous aider à remporter encore les victoires déjà obtenues par ceux qui ont conduit les hommes, mais ce serait un pauvre gain d'être esclave de la lettre et de permettre ainsi au labeur de l'Amour d'être perdu. Nul ne sait mieux que ceux à qui nous devons le don des paroles, que chaque individu doit gravir lui-même les hauteurs de l'Horeb de la pensée, lire *lui-même* les tables de la loi, et les inscrire dans le langage de son propre cœur, avant qu'elles soient vraiment siennes.

Avons-nous essayé de nous élever jusqu'aux hauteurs de la conscience que les porteurs de la Parole ont atteintes, toujours aux dépens du bien-être, souvent aux dépens de la vie ? Avons-nous, même vaguement, réalisé quels sacrifices, quel courage, quelle dévotion et quelle absence d'égoïsme le gain d'une parole peut signifier ?

Le don d'une Parole vraie, vivante, pose sur nous le fardeau d'une enquête. C'est un calice, un graal au contenu saint, consacré à un haut emploi. L'accepter signifie pour nous, non plus seulement humer la mousse sur le bord, mais faire le vœu de découvrir la vérité éternelle qu'il symbolise. On le suit là où il conduit, au delà des mers de pensées, peut-être dans des endroits déserts et arides, avec la volonté de fouler, les pieds meurtris, les sables brûlants, pendant que l'âme altérée implore la vérité en une prière incessante. C'est seulement pour cet explorateur sur le chemin de la vie, fatigué mais jamais défaillant, que les Mercures ailés de la pensée, en un vol rapide, paraîtront à la vue. Pour lui seul les nuages s'éclairciront et les cieux s'ouvriront, et il boira de nouveau les vérités éternelles des mots anciens et usés par le temps, mais fraîchement remplis jusqu'au bord du vin nouveau qui coule des fruits riches et mûrs de sa propre expérience.

Quoi que soit la vie ou l'être, toute chose doit y être enveloppée, pour avoir la vie, pour exister.

Quelle que soit une qualité ou une condition de la Vie ou de l'Être, toute chose doit la posséder, afin d'être qualifiée pour l'existence.

La Vie ou l'Être est tout ce qui est, dans toute chose existante.

Qu'est-ce que la Vie ou l'Être ?

La Vie ou l'Être est une conscience parfaite (Esprit Pur) avec tous les processus et idées qu'Il implique.

La Vie ou l'Être sait, sent, et agit.

L'Être est Esprit Pur, Sa conscience est toujours bonne, belle, parfaite et complète : c'est-à-dire que l'Esprit Pur connaît des idées d'une certaine sorte, a des sentiments d'un certain ordre et agit d'une certaine façon.

Par conséquent tout ce qui est en désaccord avec les idées, les sentiments et les volontés précédentes, ne peut être attribué à cet Esprit Pur qui est l'Être ne peut être « un prédicat de la Réalité ». Il est Amour (Jean 1,4,8), le Père des miséricordes et le Dieu de toute consolation (II Corinth. 1,3).

Être donc, ou avoir la Vie, c'est participer à — c'est être impliqué dans — cette parfaite conscience ou Esprit Pur. Mais comment est-ce que je participe à cette conscience parfaite, cet Esprit qui est l'Être ? Quel est le rapport entre moi et l'Être ? Je suis né de Dieu ; je suis son Fils ; nous sommes aussi de sa race (Actes 17,28). Mais ce n'est pas moi qui prends l'initiative de cette naissance. Je ne peux pas, dans le principe, participer de Lui. C'est Lui d'abord qui m'aime. C'est-à-dire que Dieu ou la Conscience parfaite me contient comme une partie interne, une partie nécessaire de Sa nature. Dieu ne peut pas être Lui-même sans moi. Être impliqué dans l'Esprit Pur, en tant qu'activité, c'est être. Je ne tire pas mon origine de moi-même, je suis impliqué. Dieu est mon origine, je ne fais que le refléter. Je ne suis que parce qu'Il est. Je suis un corollaire de Dieu ou de l'Esprit. Je n'ai pas de Moi qui m'appartienne, de volonté qui soit mienne, pas de substance, pas de vie, indépendamment de mon origine. Il est le seul Soi. Nous, dans notre « Moi spirituel », nous sommes Ses rejetons, et nous n'avons pas d'autre source d'action. Notre source ou notre principe est Dieu. Il détermine ce que nous sommes et par conséquent ce que nous ferons toujours. Il définit en moi les processus et les idées que j'appelle miens.

Comme l'océan, dans son mouvement, se brise en vagues, dont chacune n'est que l'océan en action, ou comme le soleil, quand il brille, se diffuse en rayons, ainsi l'Esprit Pur fait les activités spirituelles, les individualisations des fonctions de sa Vie, dont j'appelle l'une de mon nom, et vous appelez une autre du vôtre. L'activité de l'homme est donc impliquée dans l'activité de Dieu. L'homme est toujours un enfant. Les bras éternels sont toujours autour de lui. Il sent le flux de la Vie et sait que c'est Dieu qui est son Père et sa Mère, son Tout. « Mon Père et moi ne sommes qu'un », a dit le Maître, « Dieu se réjouit en vous, et en moi et dans tous les êtres. L'Esprit lui-même rend témoignage à notre Esprit, que nous sommes enfants de Dieu. » (Romains 8,16.)

Une idée ne peut exister sans l'esprit qui la pense, et elle est de même nature et de même essence que l'Esprit qui la pense. Toutes les activités vraies sont spirituelles, car le Dieu qui les pense est Esprit. Étant des activités de Dieu, nous et tout ce qui est, nous sommes donc spirituels, et notre spiritualité est assurée par la vertu de notre divine origine. Nous les fils, — êtres spirituels individuels, — nous reflétons la plénitude de l'Esprit Pur. Il y a plus, comme nous l'avons dit : tout être réel est protégé contre tout ce qui est en désaccord avec le divin, le spirituel — c'est-à-dire protégé contre ce qu'on appelle le fini, le physique, — puisque cela seul qui est impliqué en Dieu, possède l'être.

Tous les hommes réels, par conséquent, sont entièrement spirituels. Dans chaque conscience spirituelle — chaque homme réel — Dieu éprouve les processus vrais, les idées bonnes, vraies, aimantes, la joie, le pouvoir et la paix ; c'est-à-dire que nos réelles épreuves — celles de la conscience du Christ — sont limitées à ceux qui appartiennent à la Vie ou à l'Être. En un mot, les épreuves spirituelles constituent le tout de l'être réel d'un homme ; la vie de Dieu est sa vie.

Si on nous demande de quoi sont faits tous les êtres, de quoi sont constituées leurs vies, nous devons répondre : des forces de pensée, vivantes et substantielles, de l'Esprit Pur, de Sa Connaissance de la Vérité, de Son Amour, et de Son expression de cette Vérité. Afin d'essayer de rendre la conception de nous-mêmes plus claire, considérons la nature de notre expérience quand nous avons conscience d'un amour pour notre prochain. Cet état spirituel est une force de vie, est substance. Songez encore ce que c'est que d'avoir conscience d'être bon ; rappelez-vous encore que cette activité spirituelle — cette moralité — est aussi une force de vie, est Substance. Souvenons-nous de nôtre état d'esprit quand, à quelque moment, nous avons réalisé une connaissance de Vérité, qui se fait en nous. Cette activité spirituelle — cette connaissance de la Vérité — est aussi substantielle, vivante. La joie, la paix, et tout les fruits de l'esprit que nous connaissons si bien sont des expériences spirituelles qui sont vitales et substantielles. Nous vivons précisément par la vertu de ces expériences spirituelles que Dieu fait en chacun de nous.

Opposons une telle conception de ce qui est substantiel et vital à la conception populaire que le système nerveux, le cœur et le poumon donnent par leur action la vie ; à la croyance, fausse aussi, que cette action de connaître et de sentir, basée sur le sens matériel, appartient également à notre Être réel.

Nous avons l'assurance spirituelle que tout Être est de la nature de l'Esprit Pur ; qu'il n'y a que cette unique Source d'où la vie puisse jaillir. Et puisque les *pensées* seulement appartiennent au royaume mental, et que seules les pensées spirituelles ont leur existence dans l'Esprit Pur, nous acquérons la conception spirituelle de l'homme, et ainsi de *notre* vrai moi, *par la substitution de l'activité de l'Esprit Pur pour tous les phénomènes de l'expérience des sens.* Nous commençons à réaliser que les courants de la vie spirituelle, tout frais venus du cœur de Dieu, sont partout actifs, sans fatigue comme sans effort, sans interruption et sans changement.

Quand nous disons que les activités de l'Esprit constituent tout être, nous donnons une définition de l'être qui comprend tout. Que le physique soit laissé en dehors de cette définition de l'Être c'est un peu surprenant au début ; mais, néanmoins, nous devons beaucoup nous en réjouir.

Une telle définition n'annihile pas l'ordre physique, mais démontre qu'il a toujours appartenu au domaine du sens faux, et jamais à celui de l'Être réel. Si cette théorie semble destructrice, on verra après une observation plus approfondie que n'importe où nous avons assailli le faux semblant, nous l'avons fait pour révéler le réel. Et maintenant que nous avons défini ce qui pour nous est réel, nous allons définir l'irréel.

Notre définition de la réalité montre que pour nous rien ne peut être inclus dans l'Être qui ne soit pas en accord avec la nature et l'essence de Dieu : et que, dès lors, tout ce qui est dissemblable à Lui doit être reconnu comme irréel. Il y a de soi-disant sentiments, idées et volontés qui ne peuvent être pensés par Dieu, parce qu'ils lui sont dissemblables. Ils ne sont donc que des apparences, et l'activité apparente qui y est impliquée n'est pas la pensée. Le mot, « irréalité » représente uniquement ces processus de pensée et les idées incluses que Dieu ne pourrait expérimenter ou poursuivre en nous, en même temps que le sens supposé qui semble les penser. Le sens supposé qui en apparence pense « nos » pensées finies et partage leur caractère illusoire est, dans l'Écriture, appelé « l'esprit charnel » ou « le diable ». « Le père dont vous êtes issus, c'est le diable, et vous voulez accomplir les désirs de votre père. Il a été meurtrier dès le commencement, et il n'a point persisté dans la vérité, parce que la Vérité n'est point en lui. Quand il préfère le mensonge, il parle de son propre fond, étant menteur et le père du mensonge » (Jean 8,44). Cet esprit illusoire et ses croyances semblent être présents et prétendre à la réalité, parce que nous ne réaliserons pas la perfection spirituelle existante ici-bas et maintenant. Tout manque de réalisation de la vérité de la part d'un homme est communément interprété comme « une croyance matérielle humaine ». Ces croyances sont de bien des sortes et se montrent sous bien des formes, mais la chose importante, au point de vue pratique, est que nous reconnaissions leur caractère illusoire. Toutes les « croyances matérielles » provenant d'un manque de réalisation de la vérité, qui nous paraissent le monde physique, rentrent dans la catégorie des croyances illusoires en ce qui n'est pas. Les aspects de l'illusion sont également illusoires, et ne sont que le signe d'un manque de réalisation de la perfection existante. Le monde dit « physique » est un de ces signes.

En résumé, nous voyons que nous avons défini la Réalité comme étant un Esprit Pur avec ses manifestations. Nous avons défini l'homme et tous les êtres réels, comme étant des activités de l'Esprit Pur. Nous avons défini *l'irréalité* comme étant un « sens matériel », « ses conceptions » apparentes et leurs « phénomènes ». Notre affirmation que ce sens supposé, ses conceptions et son monde d'apparences physiques sont *irréels*, est basée sur notre compréhension que sa *propre* nature l'exclue du divin, et par conséquent du Réel. Tout le problème se réduit ainsi à deux facteurs, le « sens faux » et l'Esprit Pur : l'un *supposé*, l'autre réel ; et ceci nous donne la clef de tout travail efficace. Pour réussir à ne pas voir le mal, nous devons diriger nos efforts, non vers une dénégation de cette imperfection qui *n'est pas*, mais vers une réalisation de la perfection qui *est*. Elle existe déjà.

La précédente réalisation de la Vérité m'a apporté un certain sens d'immunité contre le mal qui a été d'une valeur infinie, et elle m'a conduite à voir qu'une connaissance plus exacte et plus détaillée de mon pouvoir, des fonctions de ma vie, et de mon corps réel, augmenterait cette immunité contre le mal et me rendrait plus capable de l'apporter aux autres. Les pages suivantes donnent une conception plus riche et plus complète de ce qui m'a donné ce sens nouveau de liberté.

DE LA CONNAISSANCE DE LA VÉRITÉ ET DU VÉRITABLE MOI.

L'activité de Christ, ou la conscience qui vient de Dieu, est la conscience réelle de chacun de nous. Elle seule peut découvrir, comprendre, réaliser et manifester les idées de Dieu. Elle sait qu'elle comprend et réalise certaines idées, se rend compte de ce qu'elles sont, d'où elles viennent, et elle en arrive sans cesse à comprendre et réaliser de plus en plus ce que Dieu connaît et aime, et comme Dieu, l'homme exprime sans cesse sa conscience de l'Être.

Quelles que soient les occassions qui s'offrent à nous dans nos expériences de la vie, nous devons reconnaître que les aspects extérieurs qui sont réels ne sont que les signes visibles de ce qui est invisible et que nous appelons « processus spirituels ». Ceux-ci sont parfaits et immuables et ne peuvent jamais être séparés de l'Esprit qui les définit.

Il y a des éléments essentiels de la Vérité et ils appartiennent à chaque idée divine. La conscience de toute idée, par conséquent, nécessite la conscience de ces éléments essentiels, tels que rythme, harmonie, beauté, pureté, unité, amour, moralité, relativité, etc.

Quand on a résolu fût-ce le plus simple problème de mathématiques, on a acquis une connaissance mathématique, et les progrès suivants en ce sens consistent simplement en un accroissement de cette connaissance et de son expression. Si je sais une mélodie, j'ai une connaissance de la musique, de sa nature et de son attrait. Il faut alors que je continue à connaître, d'autres mélodies et que j'arrive à saisir davantage de ces idées qui sont impliquées par chaque mélodie. C'est ce qu'on peut appeler un procédé de définition, et cela durera de toute éternité.

Bien que la Vérité doive être saisie par nous dans ses formes plus complexes à mesure que le temps s'écoule, la conscience de la Source de Vérité, et la faculté qui opère pour se rendre compte de la Vérité et la manifester, demeure la même et toujours en nous, comme nous-même. Ainsi notre activité diffère seulement en degré d'un moment à l'autre, tandis qu'en qualité, elle est la même. Une personne peut connaître et manifester une idée, une autre deux. La faculté cependant est la même dans ces deux personnes. Toutes les deux découvrent et manifestent *la Vérité*. Puisque toutes les idées contiennent les mêmes éléments essentiels de Vérité, je n'ai pas besoin de me rendre compte de toutes les idées à la fois pour être assuré que j'ai trouvé et que je maintiens mon véritable moi, mon intégrité spirituelle. Je remplis les conditions d'une conscience de Christ, en ce que j'ai une conscience réelle, à n'importe quel moment, de *certaines* idées : et ce sont précisément les idées qui sont essentielles aux besoins de mon individu à ce moment. Il ne peut pas ne pas être essentiel pour moi de me rendre compte de ce qu'est la peinture jusqu'à un temps à venir; pourtant, en attendant, par la volonté de Dieu, je comprends ce qu'est la musique, ou la botanique, et je comprendrai non seulement ce qu'est la peinture, mais tout ce que Dieu connaît, aime et exprime, car à mesure que le temps passera il reflétera son tout en moi.

Ainsi chacun de nous, en tant que Faculté de Réalisation de la Vérité, est toujours, en ce sens, un être parfait, car il n'y a jamais un moment où il ne se rende compte de certaines idées divines, réalisant qu'il en a conscience, et réalisant ce qu'elles sont, et les manifestant. Son progrès consiste simplement à connaître et à manifester des idées plus nombreuses de la même manière. Ainsi l'homme, ou conscience réelle, individuelle, va toujours de perfection en perfection, et Dieu lui-même le pousse dans cette marche en avant, et lui donne tout pouvoir et toute liberté d'exprimer ce qu'il réalise être vrai.

Quand se présente une nouvelle manifestation d'une Vérité éternelle, qui naturellement implique pour moi une nouvelle expérience, je peux immédiatement affirmer sa perfection. C'est-à-dire que, les éléments essentiels de toutes les idées justes — comme beauté, rythme et harmonie — s'y trouvent, quoique manifestés sous une forme qui est nouvelle pour moi. Si, quoi qu'il arrive, nous réalisons la perfection, il n'y a pas possibilité que nous éprouvions et exprimions quoi que ce soit d'autre. Définir, aimer, se réjouir, etc., sont tous des processus fondamentaux de pensée en Dieu, ou en l'Esprit Pur, traitant d'idées, et il faut que je sois conscient de tous ces processus aussi bien que de Ses idées, qui sont les objets, dont les processus de sa pensée sont occupés.

Dieu n'est jamais sans témoin. Nous pouvons toujours le connaître. C'est-à-dire que Dieu, origine des activités, Se révèle à notre conscience par ces activités qu'Il reflète sans cesse en nous. Les activités parlent de leur origine. Nous avons sous la main les vérités que nous avons besoin de connaître actuellement. Nous les cherchons, Dieu nous les révèle et elles nous atteignent. Par conséquent, dans toute crise, c'est à nous de réaliser ce que sont ces vérités qui ont déjà pris en nous forme individuelle, de manière à être à la hauteur de n'importe quelle circonstance critique (1).

LA VIE

La Vie et l'esprit étant un, toutes les fonctions de la Vie sont spirituelles, *non matérielles*. Ces fonctions spirituelles naissent et agissent fondamentalement dans l'Esprit Pur. Les fonctions de la Vie consistent à connaître, aimer, et exprimer. Dieu rend ces

1. « Peu de gens voient les vérités familières. Rien n'est plus commun pour les gens que de penser qu'ils parlent d'objets qui n'ont rien à voir avec eux. »

« Le Moi qui enquête, ou bien enquête sans direction, ou, s'il y a une direction, elle existe dans et pour ce Moi plus étendu qui sait. » JOSIAH ROYCE, *l'Esprit de la Philosophie moderne*, p. 372.

« Ce fut Kant qui, en dépit de ses objets-en-soi, nous a le premier montré que personne ne pense réellement un objet, ni ne le connaît réellement, ou n'en doute, ou ne tend vers lui, que s'il le fait en tendant à une vérité qui est présente à son Moi plus étendu. » JOSIAH ROYCE, *l'Esprit de la Philosophie moderne*, p. 373.

fonctions et les idées qu'elles impliquent — qui sont Siennes — apparentes à l'homme par la conscience de Christ dans laquelle Il leur donne une forme individuelle.

La conscience de Christ, le Fils de Dieu, est la pleine manifestation de l'Esprit. Dans cette conscience toutes les fonctions de la Vie sont individualisées et représentées et, par conséquent, elle exprime toutes les fonctions et toutes les capacités de l'Esprit Pur, Tout individu, dans sa conscience réelle est un fils de Dieu, et comme tel est capable de prendre conscience et d'exprimer sous une forme extérieure tous ces processus de connaissance et leurs résultats, qui naissent et agissent fondamentalement dans l'Esprit Pur ([1]).

Voir — mode de la pensée au sens spirituel — est une fonction de la Vie, c'est-à-dire qu'elle s'accomplit dans la Vie, dans l'Esprit Pur, tout le temps, et est reflétée pour nous en chaque homme. Voir est ainsi une des fonctions de connaître de la Vie, individuali-

---

1. En nature et en essence les activités dans chaque Fils sont *exactement les mêmes* que les activités dans le Père. Les facultés de Dieu pour connaître, agir et exprimer sont produites et figurées dans *chacun de ses enfants*, et ainsi elles sont individualisées.

sée dans l'homme, dont les hommes prennent conscience, et qu'ils expriment en tant que fils de Dieu. *Dans chaque individu « voir juste » est le mode suivant lequel Dieu connaît, aime et exprime, et c'est à lui de le manifester.*

Que se passe-t-il quand on dit : « J'entends »? Dans une étude de ce genre il faut tout d'abord nous rappeler, comme nous l'avons dit, que la réalité pour chaque homme est que toute fonction que Dieu reflète en lui et qui lui appartient en tant qu'individu, *est présente et active dans sa conscience,* qu'il s'en rende déjà compte ou non. Appliquons maintenant ceci à la fonction particulière d'entendre. Entendre, en son vrai sens, est une activité par laquelle Dieu — l'Esprit Pur — connaît, aime et exprime. Cette activité ou fonction spirituelle se définit à moi-même — à mon vrai moi — car l'Esprit l'a individualisée et représentée dans mon vrai moi ou ma conscience spirituelle, et ainsi j'entends. Il n'y a aucun moment où la conscience individuelle n'entende pas en ce sens, et il n'y a rien qui puisse empêcher la continuité ininterrompue de cette parfaite et spirituelle fonction d'entendre, que je m'en rende compte ou non (1). En d'autres termes, dans une conscience individuelle, la faculté d'entendre de Dieu est toujours en activité. Mais il faut que je *m'éveille* à cette faculté d'entendre qui est active dans ma conscience, afin de donner expression à tout ce qu'elle m'apporte. Tout homme a tout pouvoir et liberté de le faire, et, dans la mesure où il le fait, les activités de l'Esprit Pur se manifestent ici-bas et dès maintenant. La surdité ou toute autre limitation de la perfection semble vraie, réelle, au « sens humain », c'est-à-dire à la conscience apparente qui ne réalise pas la Vérité, parce que la vraie conscience n'a pas encore atteint la réalisation de la perfection de l'homme, son unité avec sa Source, l'Esprit Pur. C'est cette unité qui assure la continuité ininterrompue entre Dieu et l'homme de toute fonction parfaite. Il ne nous reste donc qu'à comprendre et à réaliser cette perfection qui

1. Pour montrer que l'action d'entendre est effective dans la conscience individuelle, que cette conscience s'en rende compte ou non, nous pouvons nous rappeler les moments où, très absorbés par une lecture, nous ne nous sommes pas par cela même aperçus que nous entendions des cloches.

existe toujours dans toute conscience vraie, y compris la mienne, et ce que nous réaliserons apparaîtra ultérieurement.

Quand j'eus la première lueur de cette interprétation spirituelle des processus de Vie, c'était nouveau pour moi. J'avais jusque-là toujours pensé que toutes les fonctions de ma vie étaient des fonctions physiques entretenues par des organes physiques. Dorénavant j'emploierai les termes entendre, voir, respirer, etc., non pour désigner des fonctions *physiques*, mais des processus spirituels d'Esprit Pur qu'Il fait agir en moi, et dans l'absence apparente de toute fonction je ferai le premier pas vers sa réapparition, en pensant qu'elle est absolument indépendante du physique, en la considérant comme un mode de la pensée en Dieu ou en la Vie. Je m'efforcerai d'atteindre à la réalisation de ce qu'est toute fonction, de la même manière que j'essaye de saisir une mélodie en l'écoutant, et de la concevoir comme objet de pensée. Cet effort persistant me donnera la réalisation d'une sorte spéciale de connaissance en moi, et il en résultera l'apparence extérieure parfaite de la fonction en question.

Je suis poussé par Dieu à cette réalisation de la vérité. C'est le bon plaisir de notre Père de nous accorder le Royaume. Dans cette façon de devenir conscient d'une fonction individualisée de Dieu, il n'y a aucune souffrance, aucune crainte, aucune émotion. Le processus impliqué dans la *connaissance réelle* est un processus spirituel en Dieu. Il est donc toute harmonie et toute joie. Je n'ai qu'à me rendre compte, et ne peux que me rendre compte, qu'une divine activité de connaissance se déroule déjà en moi, c'est-à-dire, est développée en moi par Dieu Lui-même.

Toute individualité spirituelle implique la capacité de prendre conscience d'elle-même, en tant qu'individualisation par Dieu de son action de connaître, d'aimer et d'exprimer les Fonctions de la Vie; de prendre conscience de ce que sont cette connaissance, cet amour, et cette expression individualisés et des idées qui sont connues, aimées et exprimées en elles par Dieu ; et l'individualité implique la capacité de manifester ce dont elle prend conscience.

Et maintenant on peut dire « *Je sais ce que je suis. Je suis la conscience individuelle que*

Dieu a de Lui-même, ou, une des individualisations de la Conscience qui chaque jour, en proportion de ses recherches, prend de plus en plus conscience d'elle-même et des activités qui s'y reflètent, et qui manifeste toujours ce dont elle a conscience. Par conséquent, quoi que je fasse, — que je marche, que je chante, ou que je travaille de mes mains, — je ne fais que réaliser et objectiver ma conscience de ce que Dieu a reflété en moi. »

Toutes les fonctions spirituelles de savoir, d'aimer et d'agir, à l'abri dans la citadelle de l'Esprit Pur, et par conséquent en sécurité ; Moi, conscience individuelle dans laquelle Dieu individualise et reflète ces fonctions ; cette conscience, capacité parfaite de devenir consciente d'elle-même et des activités qui sont en elle, et de manifester ce dont elle prend conscience (également en sécurité dans l'Esprit et par suite parfaite dans ses opérations) ; quelle occasion favorable y aurait-il, dans un pareil plan, pour l'Imperfection ? Dans une telle Réalité n'importe quelle forme de désaccord n'a aucune *place* véritable, aucun *pouvoir*, et je le vois.

LE CORPS SPIRITUEL OU MODE D'IDENTIFICATION SPIRITUEL

Toute idée est dans Dieu, dans l'Esprit Pur. Elle y existe éternellement et est inaltérable. Par exemple, la mélodie est une idée musicale. Cette idée et toutes ses expressions individuelles, comme un hymne national ou une symphonie de Beethoven, sont des idées qui sont dans l'Esprit Pur, et à jamais inaltérables.

La définition de toute idée de Dieu implique les activités spirituelles par lesquelles l'idée elle-même devient apparente à la conscience ; et, à ces activités de l'Esprit Pur nous donnons le nom de « *Modes d'Identification spirituelles* ». Prenons pour exemple les idées musicales qui, comme toutes les autres idées, ont leurs propres Modes d'identification dans l'Esprit Pur, et, dans ce cas particulier, ce sont des modes de pensée auriculaires et par eux les idées musicales nous deviennent apparentes.

Expliquons ce fait avec quelques détails : l'Esprit m'a rendu apparente une idée musicale, ou toute autre idée, quand l'Esprit l'a

individualisée et représentée dans ma conscience individuelle, c'est-à-dire dans ma faculté d'en prendre conscience. Cette image de
l'Idée — ou son phénomène spirituel — dans
ma conscience, est le corps réel de l'Idée. C'est
le seul corps qu'elle possède. Cette image ou
corps d'une idée, grâce à laquelle je connais
l'Idée, est *l'individualisation par l'Esprit Pur
dans ma conscience des modes d'Identification
de l'Idée* (¹) ; c'est-à-dire, des modes spirituels
dans l'Esprit, par lesquels l'Idée devient apparente à la conscience. De même que l'Esprit
Pur manifeste l'idée Mélodie en des mélodies
individuelles, ainsi il manifeste l'idée Homme
en des hommes individuels ou Fils de l'Homme.
L'Esprit a un mode d'identification pour
l'Homme, par exemple, et l'Individualisation
par l'Esprit — dans une conscience individuelle spirituelle — de ce mode d'Identification, est cette image ou phénomène *spirituel*
auquel nous donnons le nom de corps.

Le corps de tout homme, de même que le

---

1. Nous appelons modes d'identification, les activités de
l'Esprit Pur par lesquelles une idée se manifeste à la
conscience. Quand cet Esprit 'individualise ces mêmes
modes dans la conscience de l'homme, nous les appelons
le corps de l'idée.

corps réel de chaque idée est *spirituel et parfait, et sa fonction est de rendre apparentes la conscience spirituelle et les activités qu'elle implique.* C'est la substance de pensée spirituelle qui la constitue. Une simple illustration peut servir à éclaircir ce fait. Le corps d'une conscience individuelle (ou Modes d'Identification spirituels) peut être comparé aux aiguilles d'une horloge. Elles ne se font pas marcher elles-mêmes et elles ne font pas marcher le grand ressort de l'horloge ; elles servent simplement à *montrer* ce que fait le ressort caché.

La relation entre chaque conscience individuelle et son corps est analogue à la relation entre une mélodie et les tons qui l'expriment. La mélodie n'est pas dans les tons. La mélodie gouverne les tons qui ne sont que le phénomène qui *différencie cette mélodie des autres.*

— Donc, concevoir le corps réel de chaque Fils de Dieu comme étant *matériel* et possédant des fonctions *physiques*, est impossible. En outre, concevoir que c'est la véritable, la réelle fonction du corps spirituel de donner à l'homme la vie et la force, c'est attribuer au corps un pouvoir qu'il n'a jamais eu. Et concevoir la conscience spirituelle comme existant dans un corps *matériel* et y étant soumise, est une autre erreur familière que nous sommes obligés de corriger. Parvenir à une réalisation de la vraie nature du corps spirituel de l'homme et de sa relation avec la conscience spirituelle, est une part essentielle du travail que chaque homme doit accomplir, et est le résultat de son accession à la connaissance de son véritable moi. *Arrêtons-nous un moment sur le moyen par lequel le corps d'une idée est rendu manifeste à une conscience spirituelle individuelle, à un homme, et à d'autres par lui.*

DU PHÉNOMÈNE SPIRITUEL ET DE SA MANIFESTATION OU APPARENCE EXTÉRIEURE DU CORPS SPIRITUEL

Quand l'Esprit Pur a individualisé en vous ou en moi une Idée avec ses Modes d'identification, il pousse cette conscience spirituelle à devenir consciente de ces activités spirituelles, l'Idée et ses Modes d'identification. Cette action de l'Esprit aboutit à la recherche, la poursuite, et la trouvaille de l'Idée et de ses modes d'identification, de la part de la conscience spirituelle. Et quand il a si bien travaillé à découvrir et à réaliser une idée, — une activité spirituelle qui se développe en lui, par exemple une mélodie — qu'il la réalise en effet, alors ses sons — le corps ou phénomène spirituel de l'Idée-Mélodie — sont aussi révélés à la conscience individuelle. C'est-à-dire qu'on entend la mélodie chantée. Il l'entend dans sa conscience, mais elle n'est pas pour le moment perceptible à ceux qui l'entourent. Alors l'Esprit Pur éveille en lui l'amour pour *ce qu'il sent se produire en lui-même*, et il aspire à faire connaître l'idée à d'autres, au moyen de la manifestation extérieure de cette image des tons qui lui est révélée. Pour répondre à ce désir, l'Esprit emploie la conscience individuelle comme un instrument, grâce auquel l'apparence réelle qui lui apparaît, apparaîtra extérieurement aussi aux autres. Et la mélodie est alors chantée par l'homme individu avec la voix véritable.

Le même procédé peut être appliqué à l'Idée-homme et conduira éventuellement à la compréhension exacte et à la parfaite apparence extérieure de sa représentation spirituelle ou corps véritable (¹).

Quand cette conception spirituelle de la véritable représentation de l'homme et de son apparence devient claire, le fardeau apparent de mon corps est soulevé ; son effort et sa peine inutiles disparaissent : il ne supporte plus de poids et n'accomplit plus aucun labeur. Il est maintenant évident que ce n'est pas avec le corps que les hommes voient et entendent... Ce n'est pas lui qui les transporte çà et là.

Ce n'est pas le véritable corps spirituel qui pense, et les pensées des hommes spirituels ne dépendent pas de ses opérations. Ce corps est purement une image vivante, et je ne lui demande rien de plus ; son service n'en est pas moins important. Sans avoir aucune force qui lui soit propre, il représente cepen-

---

1. Quand nous nous rendons compte que la conscience spirituelle individuelle n'est qu'une activité de l'Esprit Pur, nous voyons que dans tous ces processus, c'est cet Esprit qui agit par notre faculté d'amener la vérité à une réalisation objective.

« Une idée est en Dieu. Il la forme en moi et je manifeste ce qu'il a formé en moi. »

dant la puissance de Dieu ; sans avoir de vie à donner, il n'en est pas moins témoin du don de la Vie ; ne pensant aucune pensée qui lui soit propre, il est l'image de la Vérité même.

Mon corps semble parfois être une cotte de mailles, d'autres fois un fourreau de soie ; dans le premier cas c'est une torture de le porter, dans le second il nous séduit ; mais ce ne sont que des fictions, inconnues au domaine de l'Amour, et je n'ai plus à redouter que la fatigue ne m'accable dans la chaleur du jour, ou que la tentation ne m'assaille sur des sentiers jamais encore parcourus. L'agonie s'est usée d'elle-même et la crainte de la mort a disparu. Un hymne d'action de grâces s'élève alors dans nos cœurs, car au fur et à mesure que le manteau de l'erreur glisse de nos épaules, nous nous rendons compte combien il était lourd ; les entraves des fausses croyances se relâchant, les chaînes des sens tombant, nous sentons combien l'esclavage était grand en le comparant à la liberté qui est enfin nôtre. Quand le voile de l'illusion est déchiré, toutes les tyrannies du mensonge, tous les dérèglements de la chair s'évanouissent comme des ombres, et l'Amour, la substance réelle, règne. Quand le sang du corps physique est répandu, le vin de l'esprit brille, l'éternelle Vie surgit, et toutes nos blessures sont guéries.

Et quelquefois, après une nuit de sombre tourment, quand ces vérités se présentent à moi clairement, l'Amour, pensée de Dieu, apparaît, et se dresse là, veillant sur le monde endormi, étendu dans son bercail, en sécurité dans un doux abandon et sans autre sentiment que celui de la présence du Pasteur. Sa robe radieuse luit, comme fraîchement semée d'étoiles nouvelles, tombées du ciel, maintenant sombre autour de lui. Une grande étoile brille à son front et éclaire l'espace sombre où sont étendues ses brebis, et sa lumière pénètre dans tous les cœurs fatigués. Ils étaient si las il y a une heure. Mais écoutez maintenant, et vous entendrez les milliers de soupirs, qui, tels des ailes reposées, s'élèvent et déposent à Ses pieds le message qu'Il attendait. La terre n'est plus inondée de pleurs; les hommes dorment et ne savent qu'à leur réveil que leurs rêves étaient doux. A ceux qui étaient dans la peine, un ange est venu, — si doucement! — comme si ses pieds étaient de fleurs et son être de lumière, et dans son cœur était la clef qui, maintenant, lui ouvre les lèvres pour que les hommes puissent entendre sa proclamation. L'Amour est l'Être que l'on trouve en aimant : sachez que c'est tout, et toute douleur sera anéantie.

CHAPITRE XV

EXEMPLES DE LA MANIÈRE DONT LES CONCLU-
SIONS TIRÉES DE NOS PRINCIPALES CONSTATA-
TIONS PEUVENT ÊTRE TRANSPORTÉES DANS
LA PRATIQUE

Nous sommes prêts maintenant à tirer des
conclusions de ces principales constatations,
et à illustrer la manière dont elles peuvent
être mises en pratique ([1]). Et notre succès
dans l'application aux problèmes quotidiens,
des conclusions qui vont suivre dépendra
pour une grande part de la connaissance
exacte que nous aurons d'abord de ce que
sont les fausses croyances qui apportent dans
nos existences « le mal ([2]) ». Dans ce but, il

1. Voir chap. xiii.
2. Toute non-réalisation de la part de la conscience spirituelle individuelle provient de la réalité apparente d'un
« esprit temporel » avec ses « fausses croyances » et leurs

faut analyser toutes les pensées, dans n'importe quelle situation, *à la lumière de ce qui est vrai*. A cette lumière, on verra que certaines de ces pensées, dans telle situation, sont vraies, tandis que d'autres ne sont que de fausses croyances.

Quand l'analyse a révélé les « pensées » qui sont fausses, il faut voir ensuite que, bien que les croyances fausses aient semblé se présenter à nous, elles ne peuvent cependant jamais *être acceptées pour vraies*, par une faculté capable de réaliser la vérité. Ces soi-disant pensées et leurs apparences, sont toujours en dehors du véritable moi, ce qui nous délivre de nos craintes. Peu importe ce qui semble arriver, nos natures réelles ne sont pas plus atteintes par l'illusion que l'or n'est altéré par la terre qui s'attache à lui. Si l'or pouvait se connaître comme nous pouvons nous connaître nous-mêmes, la terre se détacherait de lui.

mauvaises apparences. Par conséquent, quand dans les pages suivantes nous parlons d'esprit temporel, de fausses croyances et de mauvaises apparences, il faut se rappeler que nous parlons de *faux-semblants*. La réalité qui est derrière eux n'est que le manque de réalisation de notre part, de la vérité qui *existe*.

Mais il y a quelque chose qui nous rend encore plus exempts de crainte : par suite de la réalisation de la vérité, il semble que ce soit la « matière », une « loi physique » et un « esprit humain » que nous avons fait disparaître.

Mais il ne faut pas oublier que la seule chose que nous faisons disparaître, c'est une *apparence* de matière — et non la matière même, puisqu'elle n'est pas là : que nous ne faisons disparaître que l'apparence d'une loi physique, — et non la loi même, puisqu'elle n'existe pas ; que nous ne faisons disparaître que l'apparence d'un esprit humain, et non l'esprit humain lui-même, car cet esprit n'existe pas.

Ces fausses apparences sont réellement présentes, mais ce sont des apparences mensongères, car elles indiquent la présence de quelque chose qui n'est pas là. La seule chose que nous ayons à faire est donc de nous débarrasser de ces apparences mensongères, et nous pouvons le faire, puisque nous avons découvert pourquoi ces fausses apparences se montrent : c'est parce que *nous* ne réalisons pas la vérité. Elles sont comme les ténèbres, qui paraissent parce que la lumière de la Vérité réalisée manque. Nous n'avons qu'à réaliser la Vérité et « le mal » — les ténèbres — disparaîtra. Figurons-nous tout ce qui pourrait se manifester du ciel ici-bas, si, à partir de ce moment, le monde entier savait cela et pouvait s'en rendre compte!

Les procédés suivants serviront à indiquer ces Vérités qui, une fois réalisées, feront disparaître « le mal » ; leur valeur pratique sera appréciée, si on ne se contente pas d'en lire l'exposé, mais si l'on en use comme d'un remède, aux moments de tentation, moments où on devrait les avoir sans cesse présents à l'esprit, et où on en noterait les résultats.

L'analyse de la situation montre que la fausse croyance en notre incapacité semble (¹) *présente.*

Quand nous avons l'impression d'être inutiles et sans valeur, nous devons réaliser quelle merveille est notre être. Dans ce but, réalisons que le vrai « Moi » en chacun de nous est une conscience spirituelle ; que cette conscience est la conscience individuelle que Dieu

---

1. Nous disons *semble* parce que, *en réalité*, la vérité seule est définie pour nous.

a de Lui-même : c'est donc la conscience qu'a l'Esprit Pur de tous les pouvoirs de pensée qui sont en Lui-même et de Lui-même. Cette conscience spirituelle individuelle est donc une activité de connaître de Dieu, *au moyen de laquelle* Il prend conscience de Lui-même et de Ses activités, et dans laquelle par conséquent Lui-même et Ses activités de connaître, d'aimer, et d'exprimer sont individualisées et représentées, et sont de toute nécessité parfaites, puisqu'elles Lui appartiennent.

Toutes ces activités que Dieu individualise et représente dans sa conscience spirituelle ont conscience d'elles-mêmes et impliquent leurs objets.

Puisque la conscience spirituelle individuelle se trouve englobée dans l'Esprit Pur, et puisque c'est la connaissance, l'amour et l'activité de Dieu qui constituent son contenu, il est clair que nous ne nous faisons pas nous-mêmes, et que la conscience spirituelle individuelle n'est pas l'origine des activités qui la constituent essentiellement. C'est le verbe de Dieu. Dieu est l'Ego, le divin Sujet de chaque Conscience de Christ ou verbe spirituel. Jusqu'à ce point, Dieu seul travaille, mais cela ne veut pas dire que la conscience n'a rien à faire. Elle est capable de devenir consciente par ses propres efforts et elle est obligée de le faire. Rappelons-nous que la conscience qui accomplit cette tâche est nous-mêmes.

De sorte que si quelque qualité semble nous manquer, c'est parce que la conscience spirituelle individuelle n'est pas suffisamment active dans la réalisation de la Vérité. C'est pourquoi dans les moments de faiblesse nous devons nous efforcer de comprendre et de réaliser les vérités précédentes. Hâtons-nous de comprendre et de réaliser que, quoi qu'il arrive, nous sommes réellement, comme Dieu, pleins de joie, de paix et de vie ; que sa vérité, son amour, ses actions se reflètent en nous. La vie, la joie, la vérité, la bonté de Dieu jaillissent en nous, Ses enfants. Nous sommes comme des sources alimentées par une nappe pure et inépuisable ; comme des flammes alimentées par un feu divin. Chaque fils de Dieu a le pouvoir d'être conscient, de découvrir, de comprendre et de réaliser ce qu'il est, — ce que les activités de Dieu sont, — et c'est dans la mesure où il fait usage de ces pouvoirs, qu'apparaîtront extérieurement la vérité, le pouvoir, la joie et la vie de Dieu individualisés en lui. Ses défauts disparaissent; la confiance en soi renaît à la suite de cette réalisation.

Une comparaison entre les deux conceptions suivantes de la vie fait voir la supériorité de la dernière.

UN MOMENT DE LA VIE EN TERMES GRAMMATICAUX

ANCIENNE CONCEPTION

SUJET	VERBE	ATTRIBUT
Jean (Être humain, Corps physique, Imparfait physiquement et mentalement, est supposé être le penseur. Ses muscles, nerfs, etc., sont supposés travailler sous l'impulsion du cerveau).	Sait, aime, fait. (La nature de ce verbe humain dépendra de l'état mental et physique de Jean).	Automobile (L'idée de Jean, machine humaine, imparfaite, dépendant des qualités mentales et physiques de Jean).

Mais en réalité qu'est-ce qu'un homme ?

Réponse : Un homme est un reflet de Dieu, puisqu'Il l'a créé à Son image, c'est-à-dire que Dieu sait, aime et exprime d'une façon individuelle Lui-même et Ses activités. Et cette Connaissance, cet Amour et cette Expression constituent une conscience individuelle et spirituelle, ou un homme. Le Moi de cet homme réel est Dieu ; son objet aussi, est Dieu (l'Esprit Pur). Chaque homme est donc un miroir dans lequel Dieu se reflète Lui-même et Ses Activités. Ceci appliqué a notre vie quotidienne nous donne la conception suivante.

CONCEPTION MODERNE

UN MOMENT TYPIQUE DE LA VIE EXPRIMÉ A LA FAÇON POPULAIRE EN TERMES GRAMMATICAUX

SUJET	VERBE	ATTRIBUT	
Dieu,	Sait, aime, fait	Un chant	dans une Conscience spiri-
Esprit Divin,	(Ces activités sont	(Idée de Dieu,	tuelle ou un homme (un mi-
Conscience spirituelle,	parfaites, parce que	donc parfaite.)	roir parfait dans lequel le
(Rien d'humain.	leur source est Dieu.)		chant parfait est individua-
Rien de physique.			lisé et imagé.)
Rien d'imparfait.)			

Jusqu'ici, toute cette activité est celle de Dieu, mais l'enfant de Dieu, — la Conscience spirituelle individuelle, — impliquant le verbe et son attribut, — doit faire une image extérieure des activités divines ; elle doit écouter le chant spirituel, le trouver, réaliser ce qu'il est, et alors le faire apparaître extérieurement sous une forme individuelle parfaite. Ainsi, inévitablement, la Conscience de Christ fera apparaître aussi le verbe et elle-même. Plus encore, car le Christ a dit : « Si vous me connaissez, vous connaîtrez aussi mon Père, et dès à présent vous le connaissez, et vous l'avez vu. »

(St Jean 14: 7.)

L'analyse de la situation montre que la fausse croyance en l'inefficacité semble présente.

LE MOYEN DE GAGNER L'EFFICACITÉ ET LA FACILITÉ DANS L'ACTION, DANS L'ART

Nous devons réaliser que l'activité réelle qui constitue chacun de nous est une fonction de Dieu (Esprit Pur), une conscience spirituelle ou activité de Christ, dans laquelle Dieu sait, aime et exprime Ses Idées, et qui est, par conséquent, parfaite.

Il ne reste alors, ainsi que nous l'avons déjà dit, pour la conscience individuelle spirituelle elle-même qu'à devenir plus profondément consciente d'elle-même et des fonctions et idées divines incluses en elle. Par cette réalisation de sa part, l'unité de but, la droiture, la facilité, la spontanéité, la grâce, le rythme, l'intrépidité et le succès se manifestent dans toutes « nos » activités. Réaliser que, dans tous les cas, Dieu est l'acteur essentiel dans lequel notre action est inévitablement impliquée, c'est perdre le sentiment de la crainte, de la rivalité, de la fausse ambition, c'est entrer dans une région où nous nous trouvons sans ce sentiment d'effort pénible qui nous écrase tellement ; où nous ne voyons que le but et les marches qui y conduisent ; et nous ne résistons pas à la vision céleste. L'artiste regarde et écoute, et, quand il a entendu et vu ce que Dieu aime, pense et fait en lui, il reproduit les Idées de Dieu extérieurement en sons, en couleurs et en formes, dans les termes de sa conscience individuelle à lui.

L'analyse montre que les fausses croyances qui semblent présentes sont les appels de la chair.

LE MOYEN D'ÉVEILLER UN DÉSIR POUR LE BIEN ET D'APAISER LES IMPULSIONS MORTELLES, LES CONVOITISES DE « LA CHAIR »

Nous devons réaliser que les appels de la chair sont de fausses croyances et que notre seul désir doit être la compréhension de notre vrai « Moi » et des fonctions et des idées incluses en lui ; nous ne pouvons avoir d'autre ambition que celle de faire apparaître extérieurement la perfection de Dieu, par notre propre effort. Le Moi véritable ne peut aspirer qu'à prendre conscience de la présence de l'Esprit Pur et à s'y satisfaire, comme toute chose qui n'est qu'un reflet ne peut aspirer qu'à son origine et ne peut être satisfaite que par elle, par ce seul et unique être qui la complète et la met en relation véritable avec tout ce qui est. Mais cela ne signifie pas que nous ayons à nous éloigner de nos semblables, de la nature, de l'art. Au contraire, notre relation avec Dieu implique et garantit notre relation avec les gens et les choses, et à proportion que nous devenons conscients de notre relation avec Dieu, nous devenons également ment conscients de notre réelle relation avec les gens et les choses. Par suite de quoi, nous la faisons apparaître, extérieurement ici-bas et dès maintenant. Cette relation réelle avec Dieu, l'homme spirituel et notre entourage spirituel, est une relation spirituelle. Sa qualité nous satisfait, et dès lors nous sommes délivrés de tout autre désir.

L'analyse montre que les fausses croyances qui semblent présentes sont frayeur et que les désirs sont coupables.

L'HOMME EST UNE CONSCIENCE SPIRITUELLE, PAR CONSÉQUENT, LUI, DANS SON Moi VÉRITABLE, NE PEUT AVOIR « UN Esprit mortel »

Nous devons réaliser que notre conscience réelle ou spirituelle et la connaissance, l'amour et l'expression qui s'y reflètent sont mises en œuvre à tout moment et éternellement par Dieu ; et dès lors, la constance et la perfection de l'activité spirituelle constituant notre véritable individualité sont éternellement garanties. L'Esprit mortel illusoire et ses notions diffèrent de cette individualité parfaite, et n'ont pas d'existence réelle. Puisque les activités de i'Esprit constituent le contenu de notre être spirituel, tous les fruits de l'Esprit (savoir, paix, joie, amour) sont en activité dans la véritable nature de l'homme ; elles sont là pour que nous puissions mieux les connaître, les comprendre et les réaliser plus pleinement. Par conséquent, la douleur, le doute, la solitude, le découragement, la méchanceté, l'égoïsme, le péché, ne peuvent être découverts en nous, ne peuvent être compris et réalisés par nous. En tant qu'ils ne sont pas éprouvés par l'Esprit Pur, ils ne peuvent former une partie de ce que Dieu reflète en nous.

Un homme « spirituel » a le pouvoir de se découvrir, de se comprendre et de se réaliser lui-même, ainsi que les vraies activités incluses en lui. Ces pouvoirs de réalisation et de compréhension sont spirituels, par conséquent ne peuvent réaliser et comprendre que ce qui est spirituel. Les apparences extérieures discordantes, telles que l'échec, la souffrance, la maladie, et la mort, ne sont que des images illusoires — et ne proviennent pas de l'activité du seul et unique Esprit Pur, ni d'un soi-disant Esprit mortel ; — ce sont les apparences fantomatiques de *l'inactivité*, de la part de la conscience spirituelle individuelle réalisant ce qu'elle est et les vérités qu'elle implique. Toute représentation de Christ — c'est-à-dire chacun de nous — est une faculté de réaliser la vérité, et finalement, parviendra à cette réalisation. Mais, s'il n'exerce pas sa faculté, les images illusoires, dont il est parlé plus haut, apparaîtront pour un temps, jusqu'à ce qu'il soit amené à user de son pouvoir pour comprendre, réaliser et manifester la vérité.

Répétons encore une fois cette loi ; de même

que l'Esprit Infini est affranchi de toute épreuve, comme les chagrins, la maladie et le péché, de même la conscience de Christ en chacun de nous en est affranchie, mais cette immunité n'apparaîtra extérieurement que dans la proportion où la conscience exercera ses pouvoirs de découverte, de compréhension, de réalisation et de manifestation.

La fausse croyance que le corps est physique semble présente.

Nous devons réaliser que l'Être est spirituel, et qu'il n'y en a pas d'autre. La Conscience spirituelle seule est la Vie. Réaliser cette Vérité, c'est réaliser qu'il n'y a pas d'être matériel. Donc, nous n'avons pas réellement de structure physique. Les apparences matérielles appelées muscles, etc., sont les images des pensées fictives du soi-disant « Esprit mortel »; et à mesure que nous réaliserons le véritable être spirituel, sa propre représentation apparaîtra.

Puisque la Vie réelle est spirituelle, elle est absolument indépendante de l'être soi-disant organique, physique. Nous vivons, non pas parce que nous avons un cœur, des poumons et autres organes physiques, mais parce que nous sommes des consciences spirituelles incluses dans l'Esprit Pur qui est la Vie. Tous ces soi-disant processus physiques et ces « organes » sont une apparence, une partie du voile. Aucun organe physique ne peut amener des consciences spirituelles à l'existence, ou les mettre en relation ; car les consciences spirituelles ne peuvent avoir qu'une existence spirituelle, des relations spirituelles, qui sont créées et maintenues par l'Esprit Pur.

Le savoir, l'amour et l'action de Dieu dans une conscience individuelle constituent l'activité de notre être. Dieu est donc la Source de notre activité, et elle est spirituelle ; il y a donc une impossibilité évidente à croire que nos activités sont physiques et ont leur source dans un organe physique, appelé cerveau. Quand nous disons que nous sommes mentalement fatigués, nous basons notre énoncé sur cette croyance que nous pensons par le moyen d'un cerveau, d'un organe physique, qui est sujet à la fatigue. Si nous voulons nous sentir reposés, nous n'avons qu'à nous détourner de la conscience corporelle, qui retient la pensée comme en une sorte de dépendance du physique, et à réaliser que toute notre réelle activité est spontanée et infatigable, car elle est spirituelle et incluse dans l'Esprit Pur. L'Esprit divin est, si vous voulez, le grand « organe » qui est présent partout, s'individualisant et se représentant Lui-même toutes ses fonctions et ses idées. Mais Dieu n'est pas physique, il est Pur Esprit. Il n'y a, par conséquent, aucune sensation physique de plaisir ou de peine, et le « mécanisme nerveux », qui est supposé être responsable de ces sensations, est lui-même irréel. Nous ne retirons pas pour cette raison la joie de notre vie, au contraire : nous ne pouvons rien perdre quand nous possédons tout.

L'analyse montre que la fausse croyance en une responsabilité excessive semble présente.

NOUS N'AVONS PAS DE FARDEAUX A PORTER

Il faut nous rendre compte que l'activité qui nous constitue est en marche sans effort de notre part, puisqu'elle est l'œuvre de Dieu. Dieu a déjà expérimenté dans notre conscience spirituelle le travail qu'Il désire voir appa-

raître extérieurement ici-bas et dès maintenant; et l'acte qui nous paraît parfois impossible à accomplir, est donc déjà accompli par
Dieu même dans notre conscience spirituelle,
et le seul travail que Dieu requiert de nous
est la découverte, la compréhension, la réalisation et la manifestation de ce qu'Il fait en
nous. Sans cet effort de notre part, les idées
de Dieu pourraient rester inentendues et in-
visibles pendant une période indéfinie.

Par conséquent, l'activité demandée à
l'homme — la conscience de Christ même —
est comparativement très légère et doit être
accomplie presque sans effort et certainement
sans l'ancien sentiment d'un fardeau à
porter.

L'analyse montre que la fausse croyance
d'un antagonisme semble présente.

Nous devons réaliser que tous les hommes
et toutes les choses sont apparentés entre eux
et que leur unité est l'Esprit divin. Dans de
telles conditions, le manque de sympathie,
de fraternité, de coopération dans le travail...
ne peuvent exister. En présence d'un antagonisme apparent, nous devons réaliser que,

puisque l'harmonie est la loi de l'Être, il ne peut y avoir d'antagonisme entre les idées enfermées dans la Pensée divine qui est leur unité; qu'il ne peut y avoir dans l'esprit d'autrui de résistance à nos vraies aspirations, mais plutôt l'esprit de secours divin; que personne ne peut avoir d'aversion pour nous; que nul ami ne peut cesser de nous aimer; que rien ne peut nous empoisonner; que nulle peste ne peut venir dans notre maison... Si une discorde paraît se présenter entre nous et d'autres, ou entre nous et le vent; entre nos yeux et la lumière; entre nos oreilles et le son..., bannissons immédiatement ces fausses conceptions avec leurs apparences mensongères; comprenons et réalisons que, puisque l'harmonie règne partout dans le Royaume Céleste, rien n'existe nulle part dont la nature réelle soit dissemblable à Dieu, qui est perfection. Toutes les expériences étant dans la conscience spirituelle, faites par Dieu; toutes ses idées en nous (gens et choses) étant parfaites, nous ne pouvons avoir aucun antagonisme contre elles.

L'analyse montre que la fausse croyance

*de l'ignorance et d'une atmosphère antipa-
thique semble présente. L'éducation est le seul
remède à toute illusion.*

L'ÉDUCATION EST UN PROCESSUS SPIRITUEL

L'éducation réelle est un processus spirituel. Elle consiste dans la découverte, la compréhension, la réalisation et la manifestation
des activités que Dieu exprime dans chaque
conscience spirituelle, et dans la déduction
de ce principe : que l'homme possède la capacité de devenir conscient de la vérité et de la
manifester sous une forme extérieure, celle
qu'il a réalisée.

Pour posséder une éducation vraie, nous
avons seulement à devenir conscients de
notre être spirituel, puisqu'il inclut ces idées
vraies que Dieu désire que nous connaissions.
Ce progrès se réalisera de façon incessante,
à jamais. Dieu révélera toujours quelque
chose de nouveau à chacun de nous, et il n'y
a et n'y aura pas de limite à la découverte, la
compréhension, la réalisation et la manifestation de ce qu'Il révèle.

La véritable éducation, par suite, ne consiste pas à tirer des faits physiques des conclusions matérielles et humaines. La vérité ne nous vient pas par l'intermédiaire d'un organisme physique, du système nerveux ou du cerveau. Les choses réelles sont des activités spirituelles, et, par conséquent, leur connaissance peut être seulement acquise grâce à un processus spirituel (1).

En réalité un homme est une conscience spirituelle dans laquelle Dieu individualise et représente Ses processus de connaître, d'aimer et d'exprimer des idées. Ceci implique nécessairement l'individualisation et la représentation de Ses idées dans la conscience également. Comme nous l'avons dit, le progrès de l'éducation consiste dans la découverte, la compréhension, la réalisation et la manifestation par un homme de ces processus et de ces idées, individualisées et représentées en lui-même. C'est de cette manière que Dieu nous éduque, nous fait connaître les choses; et toutes les méthodes d'éducation devraient être basées sur cette relation entre Dieu et

---

1. Une telle éducation nous révèle notre immunité contre les soi-disant microbes, de même que contre toute influence humaine, mentale ou mesmérique.

l'homme ; sur ce fait que le royaume de Dieu est en nous, et sur notre pouvoir de le découvrir en nous et de l'exprimer.

En langage vulgaire quand Dieu désire que je découvre, comprenne, réalise, et manifeste une idée, Il individualise et représente dans ma conscience spirituelle Sa connaissance, Son amour, et Son expression de cette idée.

Quand donc on désire entrer en contact avec la Vie, Ses buts et Ses plans pour lui-même, comprenant les êtres et les choses, on n'a qu'à les chercher en soi-même, puisqu'on reflète les activités de Dieu et les idées y contenues.

Nous avons le pouvoir de faire cela ; et, en cherchant ainsi la vérité, n'oublions pas que nous cherchons quelque chose qui n'est pas à nous, mais à Dieu.

Ne luttons pas pour connaître une Vérité. Les Vérités, comme des rais de lumière, pénètrent dans notre cœur, sans effort de notre part, et là, comme des étoiles fixes, elles attendent que nous reconnaissions et réalisions leur présence lumineuse, anges auxquels souvent nous ne prêtons pas attention.

Cette méthode pour devenir conscient des processus et idées spirituels de *Dieu*, en découvrant, comprenant et réalisant ce qui constitue *notre* conscience et son contenu, est la seule manière véritable d'étudier. Dans cette étude, nous ne faisons que recevoir activement la révélation divine de la Vérité. Un homme devrait donc se rendre compte qu'il ne peut pas être maître de choisir un genre d'études — il ne devrait pas non plus être poussé par l'ambition ou aucun motif extérieur. S'il veut atteindre les distinctions, il doit toujours être guidé par Dieu qui choisit pour lui. C'est la vie quotidienne de Dieu et non la nôtre, que l'on doit rendre manifeste dans sa vie journalière.

Bien que nous soyons destinés à découvrir, comprendre et réaliser toutes les Vérités que Dieu ne cessera de nous révéler à travers toute l'éternité, cependant, à un moment donné, nous ne pouvons découvrir, comprendre et manifester que ces formes de Vérités qu'Il expérimente en nous à ce moment particulier. Mais nous verrons que ces formes de Vérité que Dieu expérimente en nous, chaque jour, sont précisément les formes qui correspondent à nos besoins journaliers, et qui, si nous les réalisons et les manifestons, satisferont ces besoins.

Le principe précédent répond à la question de savoir si le cours d'études d'un enfant doit être choisi arbitrairement par ses soi-disant éducateurs ou tuteurs. La question de la spécialisation rend aussi maint parent perplexe.

Dans le cours de ses études, laissez un enfant s'appliquer aux études (ou idées) qui l'attirent le plus. Ainsi il suivra l'activité de Dieu qui s'exerce en lui. Il y aura d'autres époques, d'autres vies peut-être, où il se trouvera attiré dans d'autres directions, et ainsi, peu à peu, il atteindra cette « large culture » que l'on considère comme désirable.

Mais quelle que puisse être la forme de Vérité qui l'attire, les éléments de la Vérité — beauté, rythme, harmonie, immatérialité — sont toujours les mêmes et toujours présents : un individu en arrivera par conséquent à comprendre et à réaliser ce qu'il y a d'essentiel dans la vérité, sans tenir compte de l'ordre d'études qu'il poursuit.

Tout ce que l'homme peut souhaiter connaître est spirituel et repose sur une base spirituelle. Par suite son seul progrès réel résulte d'une activité de sa conscience spirituelle puisqu'elle seule peut découvrir, comprendre, réaliser et manifester les processus spirituels de Dieu et de Ses idées, c'est-à-dire la Vérité.

LES ILLUSIONS ET LEURS CONDITIONS NE SONT PAS NÉCESSAIRES

Ainsi le genre humain a beaucoup à apprendre en s'appuyant sur une base spirituelle. Cela ne peut se faire qu'en sortant des chemins battus, et en recommençant le voyage dans la direction spirituelle, *en usant de la conscience spirituelle seule comme du moyen de connaître toute Vérité.*

C'est le fait de permettre à des assertions erronées — croyances illusoires — « de se présenter à nous, » sans les contredire, qui nous expose à des apparences illusoires telles que le chagrin, la fatigue, l'insuccès, le péché, la maladie et la mort. Puisque nous sommes faits pour comprendre les activités de Dieu et pour les réaliser comme toujours présentes, — ce qui résulte invariablement de leur apparence extérieure, qui est bonne, — pourquoi laissons-nous, sans la corriger, une assertion fausse, telle que $2 \times 2 = 5$? Mais si nous persistons à le faire, nous devons admettre que nous restons soumis à un esclavage que nous nous imposons à nous-mêmes et qui n'est pas nécessaire. Aussi, dans la recherche de n'importe quel problème, devons-nous écouter la voix de Dieu parlant dans nos cœurs, nous disant ce que nous comprendrons et ce que nous ferons, et ainsi nous serons conduits à tout bien, par l'obéissance à sa Vérité. Quand nous agissons mal, nous ne pouvons sous aucun prétexte nous défendre en plaidant l'innocence, car la faculté de découvrir, comprendre et réaliser la vérité, que chacun de nous possède, implique le pouvoir de devenir conscient de cette activité morale que Dieu exerce en nous.

LE SERVICE

Comme nous l'avons dit, quand un homme veut acquérir de l'éducation, il écoute, il entend et courbe la tête. Il aime ce qui lui est révélé, et il aspire à voir apparaître dans le monde de tous les jours cette beauté et cette bonté.

Par des efforts que guide la divinité, un homme découvre, comprend et réalise ce qui lui est révélé, et il devient l'occasion de l'apparition extérieure de cette perfection. C'est ainsi qu'il sert.

En outre, puisque l'homme est responsable de cette manifestation extérieure de l'activité de Dieu, c'est son devoir de réaliser la vérité jusqu'à un point tel que sa vision intérieure apparaisse au dehors. Un homme ne devrait pas non plus attendre comme un esclave qui est conduit par la souffrance et le péché à cette réalisation ; mais il devrait écouter avidement la voix de Dieu dans son « cœur » — sa conscience spirituelle — dans le but de remplir sa mission particulière.

Dans le vrai sens des mots, l'éducation, la vocation et le service s'impliquent mutuellement.

Tout cela a un rapport très direct sur nos relations avec notre entourage et nos devoirs envers lui. Tout entourage porte en lui une signification sacrée, quand on l'interprète comme composé des activités de Dieu que

Lui-même éprouve et exprime dans la conscience individuelle, telle qu'elle est autour de nous, *dans le but* de faire apparaître leur perfection extérieurement et sous des formes individuelles. Nous devons donc nous rendre compte que c'est notre devoir de découvrir, comprendre et apprécier la perfection, qui est inhérente à toutes les personnes et à toutes les choses qui constituent notre entourage ; car ce que nous voyons, nous le manifestons extérieurement. Nous sommes responsables, dans une certaine mesure, de la manière dont nos amis s'habillent, disposent leurs maisons ou leurs jardins et, en général, se conduisent.

L'analyse montre que les fausses croyances d'absence et de perte semblent être présentes.

LA POSSESSION

« Ne crains point, petit troupeau ; car il a plu à votre Père de vous donner le royaume. »

Nous avons nos relations avec « les choses ».

Nous sommes héritiers de Dieu et cohéritiers de Christ (Romains 8,17). Nous héritons de tous les biens, c'est-à-dire, Dieu les reflète en nous et nous nous en rendons compte, et nous les manifestons. Une telle relation vaut possession et ne peut être brisée.

Supposons, par conséquent, que nous semblions avoir perdu quelque chose que nous possédions, ou que nous paraissions manquer de quelque chose dont nous avons réellement besoin. Sachons que cela *est* à nous dans *un sens spirituel* ; que Dieu l'individualise et le représente en nous, et que, par suite, il dépend de nous de nous en rendre compte et de le manifester naturellement. L'amour désintéressé et la véritable compréhension feront apparaître extérieurement ce rapport spirituel entre nous et l'objet dont nous avons besoin. Nous devons être persuadés que les pensées que nous découvrons et aimons sont dans notreesprit de Christ,—c'est-à-dire, nous sont données par Dieu ; autrement nous posséderons en apparence, pour un certain temps, des choses qui sont irréelles ; puis, inévitablement, nous passerons, en apparence, par la vallée de la perte, car nous ne pouvons pas être en rapport avec l'irréel.

Il y a plus : nous devons toujours nous

rappeler, que des rapports spirituels ne peuvent jamais être établis que par des moyens spirituels. Autrement dit, c'est seulement en découvrant, comprenant, aimant et acceptant la joie, la vérité, la beauté, la bonté pour elles-mêmes (car il n'y a pas d'autres moyens spirituels) que nous pouvons faire apparaître le rapport réel, ou possession, qui existe entre nous-mêmes et ces « choses » (idées) de Dieu.

CHAPITRE XVI

Nos charités multiples et efficaces attestent notre large sympathie pour ceux qui sont dans le besoin et prouvent que nous avons constaté la nécessité d'apporter un secours immédiat à ces besoins. Mais, après avoir donné nourriture et vêtements, nous comprenons que notre ministère doit aller plus loin, puisque en somme, le besoin fondamental, pour chacun de nous, est spirituel.

On entend dire souvent que la foi a du bon mais qu'elle ne donne pas de pain et ne modifie pas le fait que le travail soit à la merci du capital ; que les hommes ne s'enrichissent qu'aux dépens de leurs frères ; que la paix ne peut être maintenue que par les armes ; et que même une compréhension de la Vérité ne pourrait nous préserver d'être victimes des circonstances, de l'hérédité et du milieu. Une telle opinion ignore le Père Céleste et Son Royaume de l'Esprit. Peut-on s'étonner que notre faculté d'adoration ne soit pas satisfaite et se répande sur de faux Dieux ?

Le fait qu'une *ancienne conception* de la vérité spirituelle a été reconnue inefficace pour l'amélioration des conditions modernes de la vie ne doit pas nous amener à conclure que *la* Vérité spirituelle elle-même est inefficace, Dieu, qui résout tous les problèmes, est la Source de cette Vérité qui est la juste et seule réponse à toutes nos questions quotidiennes. Notre réalisation de ce qu'est cette réponse est le remède pour tous nos soi-disant maux ici-bas. D'ailleurs, ce remède est toujours à notre portée puisque nous avons le pouvoir de devenir conscients de la Vérité dans toutes les circonstances et à tout moment de notre existence.

Dès lors, nous ne sommes pas à la merci d'injustices inhérentes à un apparent ordre matériel, social et industriel, nous n'avons même pas à être victimes de n'importe quelle circonstance, car tout individu peut, à tout moment, demander et obtenir sans délai la vraie réponse de notre Père Céleste; et par son obéissance à cette réponse faire apparaître extérieurement les fruits de la Loi spirituelle toujours active en nous, — la seule loi, — contre laquelle aucune autre soi-disant loi ne peut entrer en lutte.

Notre vie, alors, sera vécue sur le plan des idées *vraies*. Dans ce plan les conditions et les lois se révèlent à nous comme parfaites. *La Réalité est parfaite*. Notre travail ne consiste donc pas à changer quoi que ce soit, à lutter contre quoi que ce soit, mais simplement à voir que la perfection existe en Dieu et Ses manifestations : c'est la réponse *exacte*, *la seule*, à toute question. Par la réalisation de sa Vérité et de sa présence, nous exprimons cette perfection constamment, dans les termes de la vie quotidienne.

Quels calmes visages nous montrons alors ! la paix y est écrite, la patience, la grâce de supporter les fardeaux et de souffrir les pertes. C'est ce qu'y lisent ceux qui sont eux-mêmes patients et résignés. Au contraire, c'est l'esclavage qui y est écrit, la soumission à un faux idéal, et trop souvent la paresse de la pensée, ou la stupeur de l'ignorance.

Les « Fils de Dieu » patients sous d'injustes fardeaux ! Les frères de Christ résignés et tolérants sous les pieds du mal triomphant, se complaisant au milieu d'œuvres médiocres, prêts à l'excuse en face des fautes et des imperfections ! Où est notre confiance en nous-mêmes, notre courage, où est cette intuition qui nous empêche de bâtir sur les sables mouvants de l'illusion ? Pourquoi avons-nous cessé de faire le noble effort, de soutenir le combat sincère qui n'admet pas la défaite, qui ne supporte pas passivement un acte injuste ? Comment avons-nous enterré le sentiment de notre droit de naissance, de nos titres à réclamer le pouvoir ? Par le péché. C'est une mensongère conception que celle qui écrit la soumission sur nos visages, qui tache les tables de notre cœur, et efface jusqu'à les rendre indéchiffrables nos droits divins, écrits là par notre Père Céleste Lui-même.

Mais à tous ceux d'entre nous qui n'ont pas réalisé le vrai « Moi » et les lois qui le gouvernent, la peur viendra un jour, et un moment viendra où nous saurons que nous avons peur. Ce moment, comparé aux moments de péché et d'ignorance, pourrait être regardé avec joie, si nous affrontions nos craintes avec courage, si nous cherchions à en découvrir la cause et à nous en délivrer et, si nous nous trouvions enfin sur le seuil d'une compréhension nouvelle. C'est cette compréhension qui, en nous révélant le mal comme une illusion, une perception fausse des choses, nous enseigne à nier sa réalité, et ainsi nous brisons son pouvoir apparent et pénétrons dans le domaine de la Paix, où la crainte est inconnue. Jusque-là nous dormions, nous ne voyions pas. La peur et la douleur bouleversent tout autour de nous, mettent en mouvement notre « sang engourdi », nous ôtent les écailles des yeux ; et rien maintenant ne peut nous replonger, fût-ce en nous berçant, dans notre ancien sentiment que, de quelque manière, tout s'arrangera.

Quand cette frayeur et cette douleur viennent, en s'éveillant à un soi-disant pouvoir, autre que Dieu, nous pouvons retomber parmi ces résignés, ces soi-disant patients, dont nous avons parlé, et avec eux nous incliner devant un maître inconnu, le combler de présents, lui payer tribu, obéir passivement à ses ordres, être de bons esclaves, — oubliant que nous sommes les Fils et les Filles d'un Roi !

Mais il y a ceux qui n'oublient pas, et qui, en face de la crainte et de la douleur, se révolteront, et demanderont en quoi ils ont commis une faute *en eux-mêmes*.

Comme nous les aimons, ceux qui, quand le mal se présente, le défient, cherchent plus de vérité, et ainsi révèlent une confiance dans le bien, grande et inébranlée. Nous ne pouvons supporter de les voir souffrir.

Nous répondons aux questions de la vie pour ceux que nous aimons. Cela nous emplit d'un désir passionné de trouver la réponse exacte à ces questions. Quand une femme se souvient de sa maternité, que ne sacrifiera-t-elle pas pour que la source à laquelle ses enfants doivent boire soit celle des eaux de la Vérité ? Que n'endurera-t-elle pas pour pouvoir, elle aussi, conquérir une « Lance sacrée », qui guérisse leurs blessures, pour faire rougir le « mystique breuvage » et apporter à ceux que Dieu lui a donnés, toutes les bénédictions du Saint-Graal, faute desquelles ils périraient ?

« La fenêtre de notre âme qui ouvre sur

l'Orient a eu sa divine surprise ». Cessons donc d'être fidèles, ne fût-ce que des lèvres, à ce qui nous a jadis semblé la vérité. Notre étoile, qui vient de se lever, nous montre un nouveau chemin. Elle transforme « tout ce que nous pouvons voir et sentir, en air, en rêve ». Elle nous apprend à triompher, et nous mangeons de l'Arbre de la Vie et de la manne cachée. Nous recevrons un nouveau nom, nous serons vêtus de vêtements blancs, et nous deviendrons des colonnes dans le temple de notre Dieu. Dieu entrera chez nous. Il essuiera toute larme de nos yeux, « et il n'y aura plus ni deuil, ni cri, ni peine ; car ce qui était auparavant a disparu », — toute chose devient nouvelle. Nous recevons gratuitement à boire de la source de l'eau de la Vie ; nous héritons de tout, Dieu est tout, et Il est nôtre. Nous sommes dans le royaume de l'Esprit Pur, et le réel et le parfait se manifestent dans la mesure où nous réalisons que nous sommes *Spirituels*.

FIN

4777. — Tours, Imprimerie E. ARRAULT et Cie.